D1937896

Rolf Engelsing · »Wie Sodom und Gomorrha . . .«

Gebr. Mann studio-Reihe

Abbildung der Statt LONDON, sambt dem erschröcklichen brandt daselsten, so 4. tagen lange gewehrt hatt. A°. 1666. im 7bris.
Thamesis
Fluvius.
Winchesters house
South warke
die Brücke

ROLF ENGELSING

»WIE SODOM UND GOMORRHA...«

Die Zerstörung der Städte

GEBR. MANN VERLAG · BERLIN

Umschlagbild: Der Untergang Sodoms. Nach einem Holzschnitt aus der Lübecker Bibel von 1494.

Frontispiz: Ausschnitt aus Abb. 22: Der Brand von London, 1666.

CIP-Kurztitelaufnahme der Deutschen Bibliothek

Engelsing, Rolf:
Wie Sodom und Gomorrha ...: d. Zerstörung d. Städte / Rolf Engelsing. – Berlin: Mann, 1978.
(Gebr[üder]-Mann-Studio-Reihe)
ISBN 3-7861-1144-8

Copyright © 1979 by Gebr. Mann Verlag · Berlin
Alle Rechte vorbehalten
Druck Franz Spiller · Berlin
Printed in Germany · ISBN 3-7861-1144-8

Inhalt

Einleitung

»Die Zerstörung der Stadt« – muß das sein? Gibt es nichts Erquicklicheres? Und wenn schon, gibt es dann nichts, was darüber hinausführt? Erst muß doch etwas vorhanden sein, das zerstört werden kann!

So lasse ich einem eingebildeten Leser (oder vielmehr Nicht-Leser) das erste Wort, um auf das, was er triftig vorbringt, die eigentliche Einleitung als Antwort zu eröffnen.

Ich glaube, es herrscht kein Mangel an Schilderungen von Stadtplanungen und Stadtentstehungen, auch kein Mangel an Entwürfen und Vorstellungen, wie man es von jetzt an auf lange oder auf immerdar zum ersten Mal gut machen kann. Am wenigsten herrscht daran Mangel in einem Land wie Deutschland, in dem diesen Eifer entweder Zerstörung in jüngster Zeit – im Zweiten Weltkrieg und danach – oder Tabula rasa in ferner Vergangenheit – nämlich vor den Ottonen – begünstigt. In Europa gehört Deutschland mit der größeren Hälfte seiner Masse noch heute zu den Ländern, in denen die mittelalterliche Stadt in vielen Landschaften keine antike vor sich hatte. Wo das aber der Fall war, knüpfte sie wenigstens nicht unmittelbar an die antike an und bezog sie in ihre Geschichte ein, die sich bis in die Gegenwart fortsetzt. Außerdem ist das Schrifttum über die Stadt überwiegend epochengebunden. Es teilt selten den Atem der Zeitalter, sondern atmet gewöhnlich mit einem einzigen Zeitalter ein oder aus. So fehlt ihm leicht ein Hauch vom Geist des Stirb und Werde, ohne den ein Mensch, sei er Autor oder nicht, auf Erden letzten Endes nur ein trüber Gast ist. Dies Schicksal trifft nicht selten gerade die, die besonders zukunftsfroh, neuerungsbesessen und gutheißend angetreten sind.

In diesem Buch bleibt also die Stadt außer Acht, die man in ihren geringen Anfängen aufsucht und entsprechend definiert oder die man auf dem Reißbrett der Planungsbüros, der Regierungen und der Preisbewerber hervorbringt. Nicht die keimhafte Entstehung der Städte steht hier eingangs zur Debatte, sondern Prangen und Welken der vollständig ausgestatteten wirklichen großen Stadt, der Weltstadt, gleichgültig ob diese – vor allen Mittel-, Klein- und Minderstädten – etwa tatsächlich geschichtlich einen Beginn darstellt oder ob sie, im Geist oder Traum, durch eine begriffliche, künstlerische oder seelische Operation nur an den Anfang gesetzt wird.

Das geschieht hier, wie es seit alters geschehen ist und wie es vom biblischen und antiken Schrifttum an überliefert wird. Das Interesse richtet sich unverweilt und unvermittelt auf Sturz und Vergehen oder Fortbestehen und Überleben solcher Weltstädte, also entweder auf ihre Verwandlungen und Wiederherstellungen, zwischen denen Zerstörung ist, oder aber ausschließlich auf ihre Zerstörung und ihr Ende. Es geht um das Schicksal, das die Stadt in ihrer höchsten Ausbildung, ihrer Vollendung nahe, erfahren hat, erfährt und immerzu erfahren wird. Das Bild dieser Stadt, der Vorgang ihrer Zernichtung und, soweit möglich oder geschehen, ihre Errettung durch Erneuerung werden dargelegt.

Für dieses Thema habe ich eine sehr natürliche persönliche Ursache. Ich habe, halb Kind, halb Halbwüchsiger im Zweiten Weltkrieg verschiedene bedeutende Städte des damaligen Deutschland wiederholt brennen und in verschiedenen Stadien der Zerstörung gesehen, und ich erinnere mich genau an knirschende Glasscherbenhaufen, durcheinandergeworfene zerfetzte Möbel und Bücher, sehe noch vor meinem inneren Auge ehrwürdige Großvatervillen in hellen Flammen, biedere mittelständische Straßen Haus für Haus ausgehöhlt, qualmende Türme von Kirchen, in denen der Kindergottesdienst über mich ergangen war, stehengebliebene Uhren von Rathäusern und Bahnhöfen, ein Stadtviertel, das die »Weihnachtsbäume« der alliierten Bomber markiert hatten, ausradiert, unmittelbar daneben so gut wie unversehrt ein anderes ausgespartes Stadtviertel. So etwas vergißt man nicht. Wenn sich mit dem, das zerstört wurde, mannigfaches Interesse verbindet, erwacht die Neigung, das Erlebnis in eine geistige Form zu überführen und zu verallgemeinern. Dazu hat die von Zerstörung begleitete Phase des sogenannten Wiederaufbaus seit der Währungsreform und ihr Ende durch eine von noch mehr Zerstörungen geprägte Epoche des neuen Aufbaus wichtige ergänzende Eindrücke nachgeliefert und das Thema mitgebildet und mitgeformt. Im Wachsen hat es sich verschiedentlich gewandelt und schließlich auf den in dieser Studie isolierten Gesichtspunkt der

Zerstörung der Stadt spezialisiert und diesem die anderen Gesichtspunkte untertan gemacht.

Dahinter steht, seit der Schul- und Studienzeit, die Beschäftigung mit der Geschichte Roms, des europäischen Musters von Zerstörung und Fortleben der Weltstadt. Was diese Beschäftigung meint, lernt man oder lernte wenigstens ich erst nach und nach; viel Mitgeteiltes, Gelesenes und Gesehenes blieb für länger bloßes Wissen, so wie man ein Land von der Landkarte aus »kennt«. Allmählich aber entstand eine unmittelbare und mittelbare Erfahrung der Weltstädte und der Weltstadt aus Geschichte und Anschauung, die jetzt den Hintergrund dieser Studie bildet.

Hieraus versteht sich leicht, daß ihr ein anderer Begriff von Stadt zugrundeliegt, als er bei akademischen Erörterungen über Entstehung und »Wesen« mittelalterlicher oder neuzeitlicher Städte angestrebt wird, und auch ein anderer, als er bei Stadtplanungen und Stadtteilsanierungen angewandt wird. Der Begriff der Stadt, der sich aus der Erforschung ihrer Entstehung ergibt, und die Vorstellung einer Idealstadt, von der die Stadtplanung ausgeht oder auf die sie der Absicht nach hinausläuft, sind geradezu – wenigstens in dieser Studie und instrumental – Gegenpositionen zu der meinigen. Durch einen Umriß der Gegenpositionen versuche ich meine zu umschreiben, weil sie bekannter und eindeutiger zu bezeichnen sind als die meinige.

Die Forschungen und die Planungen gehen von einer freien Fläche oder Rasur oder wenigstens von einer Annäherung daran aus. Sie begreifen unter einer Stadt bei Definition und Planzeichnung etwas möglichst einheitlich Geordnetes und etwas möglichst planvoll Geschlossenes. Beides verfehlt die vollständig ausgestattete wirkliche Weltstadt, beides trifft man bei ihr gerade nicht an. In Wahrheit ist die Planung von Idealstädten, die sich gern so platonisch voraussetzungslos gibt, auch selten etwas anderes und mehr als eine Operation oder Korrektur am städtischen Chaos. In tiefen sozialen und politischen Krisen sucht sich die Idealstadtplanung ein freies Feld, während sie die geschichtliche Stadt voraus und sich gegenüber hat, sich gegenüber als eine verworrene, abstoßende, häßliche und nicht mehr zu bändigende Substanz, die aber trotz allem Abscheu der Planer deren Voraussetzung ist und bleibt. Mit der langweiligen

Einheitlichkeit ihrer Symmetrien, d.h. mit dem weltstadtfremdesten und planungsfreundlichsten Element der Ordner und Planer, kann die Idealstadt in der Regel vom grünen Tisch gar nicht auf die Wirklichkeit übertragen werden oder, wenn oder soweit es doch geschieht, erreicht sie nie Rang oder Charakter einer vollständig ausgestatteten wirklichen Weltstadt, sondern höchstens eine Karikatur ihrer Utopie in mittlerem Ausmaß. Sie ist und bleibt letzten Endes nur ein fremdartiges Einsprengsel in einer zeit- und gestaltreicheren städtischen Umwelt, und sie kann, nach einiger Zeit neu betrachtet, sich oft schlechter als diese behaupten, wenn der moderne Glanz dahin ist.

Wie wenig die idealstädtischen Planungen, die es seit dem Altertum gibt, einen Anfang setzten, das bezeugen die Entwerfer zu Beginn der Neuzeit. Sie waren sämtlich Weltstädter und hatten das Chaos der vollständig ausgestatteten wirklichen Großstadt vor Augen und im Kopf. Antonio Filarete 1400–1469, der erste von ihnen, war Florentiner, Francesco di Giorgio Martini 1439–1502 Sienese, Albrecht Dürer 1471–1528 Nürnberger und Daniel Speckle 1536–1589 Straßburger. Durch ihre quadratischen, stern- und kreisförmigen Stadtentwürfe suchten sie sich von einer großstädtischen Epoche zu lösen, die sich ihnen und ihrer Zeit entfremdete, in der sich der Staat anschickte, den Stadtstaat zu verdrängen und sich der Stadt überzuordnen. Die vollständig ausgestattete wirkliche Weltstadt des Spätmittelalters war politisch und sozial an einer Grenze angelangt, die sie nicht zu überwinden wußte und an der ihr so das Scheitern drohte. Der idealstädtische Entwurf war die verkleinernde Antwort auf eine als Zerstörung der Stadt empfundene Sprengung und Entartung ihres mittelalterlichen Standards, die theoretisch die Alternative zur Überlagerung der Stadt durch den Staat war. Dabei war der idealstädtische Entwurf nicht so sehr ein Vorgriff, der die Fortentwicklung der Stadt in der Krise anbahnte, wie er ein Gegenbild zur wirklichen Stadt aufstellte. Der idealstädtische Entwurf ging in Wahrheit nicht auf die Großstadt ein, sondern er wich vor ihr aus auf die ordnungsgemäße überschaubare und lenkbare Spezialstadt mittleren Ausmaßes, die weit unterhalb des geschichtlichen Standards der spätmittelalterlichen Großstadt blieb. Der Großstadt drohte Erschütterung ihrer Grundlagen oder

Überbordung, und der idealstädtische Entwurf bot die Ausflucht, die den sozialen und politischen Druck minderte.

Die Planung der Idealstadt bedeutet also weniger das, was man gemeinhin darunter versteht, nämlich einen großartigen utopischen Entwurf, als daß sie Teillösung, Nachhilfe und Reglementierung anbietet. Anstelle der universalen Wirklichkeit, die ihre Ordnung kaum noch erscheinen läßt, setzt sie den Spezialbeitrag mit der Gebärde des universalen Anspruchs. In Wahrheit zielt sie aber keineswegs auf die Stadt im vollen und höchsten Sinn, die so an die Grenze ihrer Existenzmöglichkeit gerät, sondern auf deren – um nicht zu sagen, Knechtung – Minderung. Zu dieser Art Stadt – und damit gehe ich von den Gegenpositionen zu meiner eigenen

Abb. 1 über – gehört nämlich Zerstörung als Schicksalsanteil, oder es ist ihr Schicksal, in Zerstörung zu enden. Die utopische Einbildung der idealstädtischen Planung will dagegen darauf hinaus, Zerstörung hintanzuhalten, ja auf Dauer auszuschließen. Der Symmetrie gelüstet alleweil nach Ewigkeit, dem Regelmaß nach allgemeiner und dauernder Gültigkeit. Indem der Entwurf der Idealstadt auf unendliche Dauer geschieht und so durchgeführt wird, als dauere er tatsächlich im Fall seiner Verwirklichung länger als das Chaos einer wirklichen Bauweise, sucht er denselben Widerspruch zu sich selbst auf, dem alle mittlere Existenz so gern zuneigt. Niemand ist es gewährt, zu dauern, und möchte er es noch so gern. Indem die idealstädtische Planung das aber anstrebt, bleibt sie unvermeidlich weit unterhalb des Standards der Weltstadt, deren Existenz es kennzeichnet, daß sie so, wie sie ist, niemals dauern und daß sie vielleicht überhaupt nicht lange dauern kann. Mögen Dörfer oder Kleinstädte grundsätzlich leichter dauern als eine Weltstadt, sie erkaufen dies durch ihr niederes Dasein. Die Tendenz der Weltstadt, Höchstes babylonisch zu überbieten und Äußerstes weiter hinauszuschieben, macht sie weit verletzlicher, versehrbarer und zerstörbarer als beschränktere Gebilde, denen ein gleiches Schicksal aber am Ende auch nicht zu ersparen ist und erspart wird. Freilich, als Gegengewicht gegen ihre Veränderlichkeit im zerstörerischen Sinn hat die Weltstadt ihre Wandelbarkeit im schöpferischen Sinn, und fällt die eine Stadt aus, tritt die nächste an ihre Stelle. Der Standard überträgt sich, indem er die Veränderung von Zeit und Ort leicht überwindet,

Abb. 1 Der große Brand von Bern 1405. Miniatur aus der Chronik von Diebold Schilling. Bern, Bürger-Bibliothek

ohne seine Kontinuität zu unterbrechen. Je weniger eine Weltstadt zu dauern vermag, desto leichter vermag sie sich in einer nächsten fortzusetzen. Auch sie hat Dauer, freilich eine eigene, die gerade auf ihrer Zerstörbarkeit und auf ihren tatsächlichen Zerstörungen, die sich von Zeit zu Zeit wiederholen, zu beruhen scheint.

Solche Stimmungen und Erwägungen bestimmten mich dazu, das Thema Stadt einmal umzustülpen und anstelle seines – womöglich nur angeblichen – Ursprungs sein Ziel und scheinbares Ende aufzusuchen. Anders ausgedrückt: der Autor kehrte sich um, er brachte die ganze uferlose und leidige Diskussion um Begriff, Entstehung,

Abb. 2 Zerstörung des Tempels in Jerusalem durch Titus. Kupferstich von Ph. Galle nach M. van Heemskerck, um 1570

Planung und Idee der Stadt, die sich wieder und wieder in Akribie rettet und so in Mikroskopie erschöpft, auf seine Rückseite und machte sich damit den Blick frei auf die Fülle und Leidensgeschichte der vollständig ausgestatteten wirklichen großen Stadt. Auch wo ich mittlere Städte in die Darstellung einbeziehe, zielt meine Überlegung und Darstellung auf die Weltstadt in der Geschichte, die
Abb. 2 in einer babylonischen Existenz zwischen Jerusalem hier, Sodom und Gomorrha dort, d.h. zwischen Heils- und Unheilsstadt stand und steht und beides, Heils- und Unheilsstadt, in gleichem Maße war und ist. Was in dieser Beziehung einst von Babylon, dann von Athen und Rom, später von Paris, London, Wien oder Berlin galt, gilt heute für New York und fast schon für Moskau. Gleichgültig ob antike Kirchenväter oder moderne Journalisten die Weltstadt beobachten und beschreibend analysieren, neigen sie, ohne voneinander zu wissen und abhängig zu sein, zu denselben Vorstellungen und benutzen dieselben Bilder und Begriffe, um die Erscheinung anschaulich und begreifbar zu vermitteln. Diesem und den zugrunde-

liegenden Gesichtern und Erscheinungen, d.h. sowohl Träumen wie Wirklichkeiten durch die Zeit nachzugehen und sie in historischer Würdigung zu erfassen, ist das Vorhaben dieser Studie.
Es widerspricht ihrem Charakter, die Einleitung mit einer Kette von Danksagungen zu beenden. Ich möchte aber aussprechen, daß ich für die Ausarbeitung mannigfache Hilfe benötigte und sie vielfach fand. Wo, das teilen mittelbar etliche Anmerkungen des Buches mit.

Berlin 1978 R. E.

»Die geistigen Mauern sinken bedeutend langsamer in Schutt und Trümmer als die weltlichen.«

Adolf von Winterfeld 1878[1]

---

[1] Adolf von Winterfeld: Ein bedeutender Mensch. Jena 1878. Bd. 2. S. 15.

1. Troja und Sodom und Gomorrha im Mittelalter

In den geschichtlichen Bildern des Altertums erbte Europa Vorbilder für seine eigenen geschichtlichen Bilder bis in die Gegenwart. Immer hat zwar eine Ablösung der Moderne stattgefunden. Aber wenn die Moderne historisch wurde, erwies sie sich selbst als Bestandteil des Alten. Dabei treffen wir in der Überlieferung, die die Bilder sortierte, auf eine Auswahl. Sie holte aus der Masse der Gestalten und Ereignisse, die bewahrt blieben, die Beispiele hervor, die als Vorbilder und so zur Wiederholung für alle Zeit taugten.

Scheinbar finden sich unter den Beispielen noch Dubletten. Blickt man aber genauer zu, so weisen sie Abweichungen von einander auf, die so charakteristisch sind, daß sich die Bezeichnung Dublette verbietet. Ausgesondert sind nämlich nicht Dubletten, so daß man dies oder jenes Beispiel wählen und eins davon fallen lassen könnte, sondern Varianten von Beispielen, die in verschiedenen Richtungen weisen.

Die Zerstörung der Stadt, die unser Thema ist, zeigt dies. Das Altertum hat die Zerstörung zahlreicher Städte von Bedeutung erlebt und davon dauernd gewußt. Aus der endlosen Reihe der untergegangenen Städte wurden ausgewählt als Muster für die Selbstzerstörung durch eigenes übermäßiges Wachstum Babylon, als Muster für die verdiente Zerstörung und die Wiederauferstehung durch Rückkehr zum eigenen Ursprung Jerusalem und Rom, Jerusalem im Geiste, Rom in der Wirklichkeit. Als Muster für Zerstörung überhaupt wurden ausgewählt Troja und Sodom und Gomorrha. Wohl wußte man ebensogut und besser Genaueres über die Zerstörung von Städten wie Ninive, Persepolis, Karthago usw. Aber sie wurden nicht Kategorien der Stadtzerstörung, wie es Troja
Abb. 3 und Sodom und Gomorrha wurden. Die Zerstörung dieser Städte stand am Anfang aller Zerstörungen und war so ursprünglich. Zerstörungen, die womöglich schlimmer waren, aber später stattfanden, wurden daneben zu Nachahmungen und verloren sich mehr in ihre Einzelheiten. Nicht daß sie der Vergessenheit verfielen. Aber sie drangen nicht vom Bewußtsein der Menschen zu ihrem Unter-

Abb. 3 Der Untergang von Sodom. Gemälde von J. W. de Wet, um 1650. Darmstadt, Hess. Landesmuseum

bewußtsein vor, das durch den Fall bereits beispielhaft besetzt war. Im Zweiten Weltkrieg ereignete sich Vergleichbares. Im Bombenkrieg über Deutschland hatten die Luftangriffe auf Lübeck 1942, auf Hamburg 1943 und auf Dresden 1945 beispielhaften Charakter, obwohl es ebenso arge und ärgere Verwüstungen gab. Aber diese Bombardements standen am Beginn einer Serie gleichartiger Zerstörungen, oder sie verdeutlichten einen neuen Höhepunkt im Ausmaß der Zerstörungen und damit einen geschichtlichen Einschnitt. Nach dem Luftangriff auf Lübeck und nach den Bombenteppichen auf Hamburg war der Zweite Weltkrieg für das Deutsche Reich verloren, nach der mehrmaligen Wiederholung dieser Katastrophen aber einstweilen nicht mehr, bis Dresden kurz vor Schluß ein Non plus ultra setzte. *Abb. 4*

In ähnlicher Weise machten zuerst die Untergänge von Troja und von Sodom und Gomorrha Geschichte, die über das Geschehen hinausreichte und in das Sagenhafte einging. Beide Städte wurden dadurch aus zerstörten Städten zu Unheilstädten: Ihre Katastrophen waren auch Prophezeiungen. Die Fabel war in beiden Fällen erzählerisch klar und genau ausgebildet und in ein Bild übertragbar. Der Untergang war außerdem vollständig und so ohne Komplikation. Man glaubt dem Helden gern den Tod, aber nicht ebenso gern das Siechtum und die Unfallrente.

Anders als Troja und anders als Sodom und Gomorrha waren die Fälle Babylon, Jerusalem und Rom mit Komplikationen und Abstraktionen verknüpft; Deutungen und Weiterungen gehörten in die Sache hinein. Derartige Verhältnisse setzten Ideologen in Brot, bleiben aber dem kindlichen Sinn versperrt. Der Untergang, der über den kindlichen Sinn hinausgeht, ist jedoch nicht der ursprüngliche, sondern immer erst der nächste, der spätere und der relative. Schließlich waren Troja und Sodom und Gomorrha wie ein Zwillingspaar. Der eine Fall stützte sich auf und durch den andern. So wie es in den Heldensagen das Paar des heldischen Siegers und es heldischen Besiegten gibt und neben diesem Paar die weiteren Helden Doubles, Füllsel und Staffage bleiben, so wie in Komödien das Paar der verwechselbaren Personen vorkommt und so wie in der Folge der Dichter und in der Überlieferung ihrer Werke gern Doppelungen eintreten, gegen die kein noch so guter Autor oder Stoff und keine noch so gute Gestaltung recht aufzukommen vermögen, weil die Dreiungen und die Vierungen der Doppelung unterlegen bleiben, so stellten auch die beiden Unheilsstädte Troja und Sodom und Gomorrha eine Doppelung her. Sie drängten die weiteren Beispiele ins zweite und dritte Glied, machten sie vergleichsweise schemenhafter oder – was hier dasselbe sagt – allgemeiner und unverbindlicher.

Die Erzählungen vom Fall Trojas und vom Untergang von Sodom und Gomorrha wurden dargestellt in den beiden bedeutendsten Büchern, die die Antike dem christlich-lateinischen Mittelalter überlieferte und die Europa von der Antike an fortlas und fortschrieb bis zu den Jugendbüchern des 19. und 20. Jahrhunderts, nämlich in der Aeneis des Vergil, dem römischen Heldenepos, und in der Bibel, der Urkunde des christlichen Glaubens und weltgeschichtlichen Wissens. Die Aeneis beschrieb die Verbrennung Trojas nach der

Abb. 4 Lübeck nach der Zerstörung. Kreidezeichnung von E. Hopf, 1942

Eroberung durch die Griechen, die Bibel den Untergang der Sündenstädte Sodom und Gomorrha. Das weltliche Bild der römischen Dichtung richtete sich auf ein diesseitiges psychologisches Symbol. Aus dem brennenden Troja trug Aeneas seinen Vater auf seinen Schultern zu den Schiffen, mit denen die Trojaner, die überlebten, flohen. Er führte seinen Sohn Julus an der Hand, seine Frau verscholl im Aufbruch.[2] Das moralische Bild des hebräischen Geschichtsbuchs zielte auf ein jenseitiges theologisches Symbol. Auf der Flucht aus Sodom schaute sich Lots Weib um und erstarrte zur Salzsäule; Lot aber kam samt seinen Töchtern heil davon. Um das Geschlecht zu erhalten, betäubten die Töchter im Gebirge ihren Vater und schliefen mit ihm.[3]

In beiden Geschichten ist mehr als Geschichte. Sie gehen in die menschliche Seele ein und daraus wieder hervor, wie ein Guß in eine Form fließt und gebildet aus ihr hervorgeht. So kommt es, daß diese Geschichten allbekannt und überall gebraucht geblieben sind. Auch diejenigen, die die Aeneis nicht kennen und die Bibel nicht lesen, sind mit ihnen vertraut oder kennen wenigstens noch einen Namen oder einen Sachverhalt.

Was die Bibel darlegte, erhielt im christlichen Europa jedermann durch Vorlesung, Erbauung und Auslegung fortwährend eingeübt und bekräftigt. Man wußte davon bis ins 19. Jahrhundert hinein oft besser als von der eigenen Vergangenheit und Gegenwart. Die Aeneis war in erster Linie zum Lesen und Auswendiglernen für die Lateinschüler da und gehörte zum literarischen Kanon der akademisch Gebildeten. Ihnen war Troja seit der Antike als Modell für die Zerstörung einer Stadt geläufig. Als Rom im Jahr 64 nach Christi Geburt niederbrannte, gehörte zu den Gerüchten über die Mitschuld des exzentrischen und schauspielsüchtigen Kaisers Nero, der angeblich zum Brandstifter wurde, um sich als Bauherr auszuzeichnen, auch die Erzählung, Nero habe während der Feuersbrunst auf seiner Privatbühne die Verse über den Untergang Trojas rezitiert, um dem gegenwärtigen Unglück eine weltgeschichtliche Folie anzudichten.

---

[2] P. Vergilius Maro: Aeneis. Buch 2. Vers 721.

[3] Altes Testament. 1. Mose 19.

So berichtet Tacitus.[4] Sein Bericht stellt eine unwillkürliche Interpretation eines kaiserlichen Intellektuellen in einer dramatischen Form dar, die auf gewöhnliche Weise die Intellektuellen von der römischen Kaiserzeit an durchweg vornahmen.

Die Lateinkundigen lasen die Geschichte jederzeit im Vergil selbst. Einem breiteren Publikum frischten die Nacherzählungen französischer und deutscher Epiker des Hochmittelalters wie Benoît, Herbert von Fritzlar und Konrad von Würzburg die Geschichte vom Fall Trojas auf. Guido della Colonnas »Geschichte der Zerstörung Trojas« und daran anknüpfend das 1474 gedruckte Volksbuch über das Thema popularisierten den Stoff im Spätmittelalter für den städtischen Mittelstand.[5]

Währenddessen spukten durch die mittelalterliche Geschichtsschreibung, auch durch die seriöse, die Legenden: So wie Aeneas zum Gründer Roms geworden sei, hätten andere flüchtige Trojaner andere Städte gegründet, deutsche wie Xanten, Passau und Mainz, europäische Residenzstädte wie Lissabon und London. Dagegen ging Trier angeblich auf Babylon zurück.[6]

Solche Ursprünge nannte und rühmte die Geschichtsschreibung bis in die Zeit des Dreißigjährigen Krieges. Dann reißt der Faden ab, vielleicht weil die Radikalität von Zerstörung und Aufbau im 17. Jahrhundert diese allzu biedere sagenhafte Berufung hohl und unbeträchtlich machte. Ihre Blüte erlebte die erwähnte Tendenz schon im Hochmittelalter und zwar durch die hohenstaufische Renaissance

---

[4] Cornelius Tacitus: Ann. 15, 38–43 über Zerstörung und Neuaufbau. Die Kernstelle 15, 39: Pervaserat rumor ipso tempore flagrantis urbis inisse eum (Neronem) domesticam scenam et cecinisse Troianum excidium, praesentia mala vetustis cladibus adsimulantem.

[5] Walter Rehm: Der Untergang Roms im abendländischen Denken. Leipzig 1930. S. 147. Vgl. Geschichte der Textüberlieferung. Freiburg i. Br. 1964. Bd. 2. S. 681.

[6] Über Renaissancen Trojas vgl. Annolied Vers 394. Otto von Freising: Chronik. Buch 1. Kap. 25, 26. Chronica regia Coloniensis 1147. Paul Hentzner: Itinerarium Germaniae, Galliae, Angliae, Italiae. Norinbergae 1612. S. 6. John Stow: A Survay of London. London 1599. S. A 1. Über die Renaissance Babylons in Trier vgl. Gesta Treverorum. Kap. 1. Otto von Freising: Chronik. Buch 1. Kap. 8. Chronica universalis Turicensis. In: Otto von Sankt Blasien: Chronica. Ed. Adolfus Hofmeister. 1912. S. 101. Heinz Thomas: Studien zur Trierer Geschichtsschreibung des 11. Jahrhunderts, insbesondere zu den Gesta Treverorum. Bonn 1968. S. 190.

unter Kaiser Friedrich Barbarossa. Als Barbarossas Heer auf einer Italienfahrt die selbständig gewordene Kommune Mailand, die sich der kaiserlichen Oberhoheit nicht mehr fügen wollte, unterwarf und sie zerstörte, verglichen kaiserliche Propagandisten wie der Kölner Archipoeta (der vielleicht selbst aus Italien stammte) und der Geschichtsschreiber Gottfried von Viterbo Mailand mit Troja. Sie sprachen von einem zweiten Troja.[7] Damit konnten sie allerdings nicht überzeugen. Denn Mailand erstand rasch von Neuem. Die Auseinandersetzung zwischen Kommune und kaiserlichem Anspruch war durch die Katastrophe von 1163 keineswegs zugunsten des Kaisers entschieden und entbrannte immer wieder.

Diese Lebenskraft der Stadt im Süden Europas war für das feudale Europa nördlich der Alpen, das aus dem Untergang der Antike hervorging und sich auf ihre Trümmer gründete, kaum begreiflich und faßbar.

Abb. 5 Die Kontinuität wurde am deutlichsten an Rom. Weder die Wirklichkeit noch die Wirkung dieser Stadt, die sie im Mittelalter zum höchsten Modell für den Begriff der Stadt machte, bilden das Thema dieser Darstellung. Nur eine Linie läßt sich auf einmal verfolgen, Rom also nicht für sich; denn es bildet einen Kreuzungspunkt für verschiedene Linien. So sei von Rom lediglich gesagt, was unser Thema berührt. Seit dem frühen Mittelalter war es sein Kennzeichen, als Mittelpunkt der antiken Weltherrschaft gefallen und der Verödung und Zerstörung preisgegeben zu sein, im Unterschied zu allen Städten früherer antiker Weltherrschaften aber überlebt zu haben, statt zum Untergang verurteilt zu sein. Am Beispiel Roms erlebte das christliche Europa eine geschichtliche Kontinuität, die über seine moralisch und theologisch begründeten geschichtlichen Begriffe ging und die so übernatürlich und übergeschichtlich wirkte.[8] Hier half es sich mit einem Kunstgriff der Interpretation

---

[7] Archipoeta: Gedicht 9. Vers 12. Vgl. Walter Stach: Salve, mundi domine. Leipzig 1939. S. 83.

[8] Patrologia Latina (Migne) 94. 1862. Sp. 543: Quamdiu stabit Colisaeus, stabit et Roma; Quando cadet Colisaeus, cadet et Roma; Quando cadet Roma, cadet et mundus. Die Verse gehören in das 7. oder 8. Jahrhundert. Auf einer Seereise von Ostia nach Pisa beobachtete im Jahr 417–18 nach Christi Geburt der Dichter Claudius Rutilius Namatianus bei Populonia einen verfallenen Leuchtturm und andere Ruinen. In

Abb. 5 Das Forum Romanum. Um 1910

weiter, weil es einen anderen geschichtlichen Begriff des Untergangs als den totalen nicht von der Antike erhalten und zur Verfügung hatte. Die These lautete: Im Altertum äußerlich mächtig, doch innerlich faul, wurde Rom durch das Christentum und durch seine Wahl zum Sitz des Papstbischofs, der Nachfolger des Märtyrers und Apostels Petrus und Stellvertreter Christi auf Erden war, äußerlich dürftig, doch innerlich erhoben. In einer Umwertung der Werte stieg Rom also, während es sank. Allein dadurch daß die Stadt ihre Existenz fristete, erschien sie als ein Symbol der geistigen und dokumentarischen Kontinuität, die ihresgleichen nicht hatte. In mustergültiger Fassung kennzeichnete ein Vers des französischen Bischofs Hildebert von Lavardin (1054–1133) im 11. Jahrhundert die ambivalente Stellung Roms, in der unantastbare Größe mit unaufhaltsamem Niedergang verknüpft war:

Rom, Dir ist nichts gleich, bist Du auch beinah Ruine.

Im lateinischen Text lautet es prägnanter:

Par tibi Roma nihil, cum sis prope tota ruina.[9]

Was Rom von den Unheilstädten unterschied, nämlich fast ganz und doch nicht vernichtet zu sein, war das Außerordentliche. Nach geschichtlicher Erfahrung und nach theologischer Moral war totale Vernichtung das normale und so gut wie unausweichliche Schicksal. Fast Ruine zu sein, war demgegenüber die höchste denkbare Auszeichnung für etwas Wirkliches und machte es bereits zu etwas Überwirklichem. Diese Auszeichnung wurde Rom und allein ihm zuteil. Sie blieb ihm, wie noch zu zeigen ist, durch die Jahrhunderte treu. In der Zahl seiner Einwohner nahm es eine einzigartige Entwicklung, die keine andere bekannte Stadt in Europa mit ihm teilt.[10]

---

seiner dem Lobe des unvergänglichen Rom gewidmeten Dichtung De reditu suo I, 414 schrieb er daraufhin: Cernimus exemplis oppida posse mori.

[9] Vgl. Percy Ernst Schramm: Kaiser, Rom und Renovatio. 2. Aufl. Darmstadt 1957. S. 300, 304ff.

[10] Die Einwohnerzahl von Rom betrug im 2. Jahrhundert nach Christi Geburt noch etwa 1,2 Millionen. Sie sank im Frühmittelalter auf etwa 20000 bis 30000 und betrug noch im 16. Jahrhundert nicht mehr als 30000, höchstens 50000. Mailand, Venedig, Florenz, Neapel und Palermo waren vergleichsweise größer. Um 1700 hatte Rom fast 150000 Einwohner, 1842 fast 170000 und 1893 200000. Dann wuchs die Stadt bis zum Ersten Weltkrieg auf 500000 und bis zum Ende des Zweiten Weltkriegs auf fast 1,5 Millionen Einwohner.

Abb. 6 Die Zerstörung von Pamplona. Zierplatte vom Dach des Karlsschreins im Domschatz zu Aachen, 1215

Die Bücher, die vom Schicksal Trojas oder Sodom und Gomorrhas erzählten, konnten die Analphabeten, – bis in die Mitte des 19. Jahrhunderts die Mehrzahl der Menschen –, nicht selbst lesen. Aber wer
Abb. 6 die Lettern nicht las, las die Bilder und hörte deren Geschichte. In Handschriften und Chroniken wurde die Zerstörung der Stadt oft genug auf Illustrationen abgebildet. Sie kam auch auf Wandgemälden vor. Zum ersten Mal geschah das im Mittelalter vielleicht auf der Burg Karlstein Kaiser Karls IV. in Böhmen. In einer Folge von Fresken zur Apokalypse in der Kapitelkirche der Burg stellte im Jahr 1357 ein Fresko die Zerstörung der Stadt mit dem geistlichen Namen Sodom dar.[11] In der eigenen Gegenwart kannte Mitteleuropa damals dergleichen noch nicht wieder. Denn die Epoche der Agrargesellschaft, in der die Künstler Städte wie Jerusalem und Rom als Burgen und Klöster darstellten, da sie nur die Burg und das Kloster, nicht aber die Großstadt kannten, war noch allzu nahe. Im Spätmittelalter entdeckte Europa die nationale Hauptstadt. Auch Mitteleuropa entdeckte sie, denn auch Prag, die Hauptstadt Böhmens und des Reiches, wurde damals nach dem Muster von Paris aufgebaut. Im Heiligen Römischen Reich Deutscher Nation, das auf Rom orientiert war, wollte die Bildung eines dauernden hauptstädtischen Mittelpunktes der Nation aber nicht glücken. Die Hauptstadt Prag war ein Versuch. Die großartige Skizze, mit der das Haus Luxemburg in Böhmen begann, wurde jedoch nie fertig ausgeführt. Zu Beginn des Dreißigjährigen Krieges endete Prags Glanzperiode mit der Plünderung durch schwedische Truppen. Stockholm erbte von den Beutestücken. So blieb die mitteleuropäische Gesellschaft in der lockeren Organisation des Römischen Kaiserreichs Deutscher Nation auf die Dauer abhängig von Erinnerungen, Bildern und Geschichten vergangener Weltstädte, weil sie – anders als die Königreiche Frankreich und England – eine eigene Haupt- und Weltstadt auf die Dauer nicht gewann. Sie tat sich auch schwerer als die Flächenstaaten im Osten Mitteleuropas und in Osteuropa, die in der Wahl eines Mittelpunktes Schwierigkeiten und Schwankungen durchmachten, wie sie in Frankreich oder England nicht zur Geltung kamen. Mitteleuropa nahm aber wegen seiner dichten

[11] Lexikon der christlichen Ikonographie. Hrsg. von Engelbert Kirschbaum. 1. 1968. S. 134.

klein- und mittelstädtischen Besiedelung und seines hohen sozialen Organisationsgrades im Prozeß seiner Zentralisierung nördlich der Alpen eine besonders schwierige Stellung ein.

Die kleinen, mittleren und großen Städte in Europa, die überwiegend aus Holzbauten bestanden, wurden im Mittelalter und in der frühen Neuzeit oft genug von Feuersbrünsten heimgesucht. Manche Feuerstürme vernichteten mehr, als sie übrig ließen. Dennoch blieben das bürgerliche und lokale Ereignisse, die fast nur in der städtischen *Abb. 7*

Abb. 7 W. Huber. St. Florian löscht einen Brand. Federzeichnung, um 1520

Geschichtsschreibung ihren Platz fanden.[12] Die Katastrophen erschienen zu gewöhnlich und zu vorübergehend, um Bilder und Symbole zu erzeugen. Auch in den betroffenen Städten erinnerte man sich allgemein nicht lange an sie. So ungeheuer sie sein mochten, blieben sie unterhalb des Außerordentlichen und diesseits der Linie, die durch Weltstädte wie Troja und Sodom und Gomorrha gesteckt wurde. Damit versanken solche Katastrophen durch die Autorität der Bücher und durch den Glauben daran unter das Maß des Merkwürdigen in der Masse des sich Wiederholenden und der nun einmal nicht zu vermeidenden Schicksalsschläge und Leiden.

Im Hochmittelalter blieb die Stadt überhaupt gewöhnlich noch ein Typus. Wer im 12. Jahrhundert Mailand als Großstadt schilderte, griff auf die Beschreibung zurück, die einst Orosius von Babylon gemacht hatte.[13] Wer eine bestimmte Stadt bildlich darstellen wollte, verwandte eine Schablone oder mehrere, sich notfalls in verschiedenen Anwendungen wiederholend. Hierin trat vom 15. Jahrhundert an ein Wandel ein. Die Stadt wurde jetzt wirklich beobachtet und individuell erfaßt. So erlebten Stadtbild und Porträt zur gleichen Zeit ihre Neuentdeckung. Während der weltliche Mensch plastisch lebendig wurde, wurde auch die äußere sinnfällige Form seiner geselligen Organisation in der Stadt sinnlich erfahren. Die Schablone wich, die Haus, Kloster, Festung und Stadt gleich oder ähnlich wiedergegeben hatte. Haus, Kloster, Festung und Stadt trennten sich in realistischen Wiedergaben ihrer wirklichen individuellen Gestaltungen.

Als dies geschah, tauchte auch die Unheilsstadt als zumindest beliebige wirklichkeitsnahe und womöglich als individuelle wirklichkeitstreue Stadt in der Kunst der Buchmalerei, der Altar- und der Tafelgemälde auf. Sie kündigte aus einer neuen Entstehung der großen Stadt mit festem Steinbaukörper und weltlichen Repräsentativbauten, die damals stattfand, im Bild ihre vorgebildete, vorstellbare und mögliche Katastrophe an. Das Vorwissen des Untergangs der Stadt begleitete ihre Erfahrung und Auffassung. Das

---

[12] Dresden verlor durch eine Feuersbrunst 1454 ein Viertel von 6000 Einwohnern. Otto Richter: Geschichte der Stadt Dresden. Dresden 1900. Bd. 1. S. 123.

[13] Paulus Orosius: Historiarum adversus paganos. Buch 2. Kap. 6. § 8. Otto von Freising und Rahewin: Gesta Friderici imperatoris. Buch 2. Kap. 14, Buch 3. Kap. 37.

Abb. 8 Der Untergang Sodoms. Miniatur aus der Toggenburg Weltchronik, 1411

Entstehen ihres Bildes zeitigte also auch das Bild ihres Vergehens. Die Künstler, die wir als Zeugen und Beispiele dafür wählen, sind der Meister der Toggenburg Weltchronik von 1411, Bernhard Strigel 1460–1528 in Memmingen, ein Hofmaler Maximilians I., der junge Albrecht Dürer 1471–1528 in Nürnberg, die Begründer der Donauschule der Malerei Lukas Cranach 1472–1553 aus Kronach und Albrecht Altdorfer[14] 1480–1538 in Regensburg, Maerten van Valckenborch[15] 1535–1612 in Frankfurt, sein hauptsächlich in Nürnberg tätiger Sohn Frederick van Valckenborch[16] 1570–1623, Monsu Desiderio[17] und Rombout van Troyen[18] 1605–1650, ein weniger bekannter niederländischer Maler.

Abb. 8 Der Meister der Toggenburg Chronik, einer Handschrift der Weltchronik des Rudolf von Ems aus dem 13. Jahrhundert, der für den Grafen von Toggenburg aus dem Vinschgauer Geschlecht der Vögte von Matsch arbeitete, stellte Sodom 1411 als Stadt seiner Zeit in Flammen dar. Er bildete aber nicht einen bestimmten Ort ab, sondern malte eine Stadt mit typischer Ausstattung.[19] Auf dem Schussenrieder Altar des Bernhard Strigel, der etwa 1515 angefertigt wurde, wird auf der linken Innenseite eines Altarflügels die Heimsuchung Elisabeths dargestellt. Hinter Elisabeth und Maria,

---

[14] Albrecht Altdorfer: Kunsthistorisches Museum Wien. Nr. 2923. Franz Winzinger: Albrecht Altdorfer, Zeichnungen. Gesamtausgabe. München 1952. Nr. 23. S. 72. Franz Winzinger: Albrecht Altdorfer, Die Gemälde. Gesamtausgabe. München usw. 1975. Nr. 55. S. 105f. Das Thema interessierte auch andere Künstler der Zeit; z.B. schuf Hans Leonhard Schäufelin (1480–1539) einen Holzschnitt mit der Darstellung Lots.

[15] Maerten van Valckenborch: Volksmuseum Posen. Nr. 101.

[16] Frederick van Valckenborch: Volksmuseum Prag. Nr. 99. Vgl. Jarmilla Vacková: Obrazový cyklus od Fredericka van Valckenborch (?). In: Umění. 20. 1972. S. 370–375. Thérèse Gerszi: Quelques Problèmes que pose l'art du paysage de Frederik van Valckenborch. In: Bulletin du musée hongrois des beaux-arts 42. 1974. S. 63–89, besonders S. 73.

[17] Paul Zucker: Ruins. An aesthetic hybrid. In: The Journal of Aesthetics and Art Criticism 20. 1961. S. 121. Abb. 2.

[18] Rombout van Troyen: Volksmuseum Posen. Nr. 95. Allgemeines Lexikon der bildenden Künstler von der Antike bis zur Gegenwart. Hrsg. von U. Thieme und F. Becker. 33. 1939. S. 443: »Brand Trojas« in der Galerie Mansi, Lucca.

[19] Fedja Anzelewsky: Toggenburg Weltchronik. Vierundzwanzig farbige Miniaturen aus einer Chronik vom Jahr 1411. Aachen 1970. S. 5, Tafel 2.

Abb. 9 Lot flieht mit seiner Familie aus Sodom. Ölgemälde von A. Dürer auf der Rückseite der »Haller-Madonna« (1496–98). Washington, National Gallery

die Elisabeth in den Bergen besucht, bildet das brennende Sodom einen kaum auffälligen Hintergrund.[20]

Beide Darstellungen verdeutlichten ein böses Beispiel; sie stellten etwas Abschließendes in sich geschlossen dar. Nicht so die Tafelmaler, deren Anfang vor 1500 Albrecht Dürer in seinen zwanziger Jahren mit einem Ölbild auf Holz machte, das die Rückseite der
Abb. 9 sogenannten Haller-Madonna in Washington bedeckt.[21] Dürer brachte im Hintergrund der Komposition die Feuersbrunst von Sodom, die auf einer insgesamt ruhigen Komposition bunt, heftig und realistisch wirkt, in Zusammenhang mit dem Seemeer, das ein Schiff befährt, während im Vordergrund Lot und seine Töchter mit Lasten marschieren. Die Verbindung von Brand, Wasser und Schiff kombinierte seelische Grundmotive von zusammengehörigem und elementarem Charakter malerisch. Das war psychisch und künstlerisch so ansprechend, daß es später öfter nachgeahmt wurde. Wie zuerst Dürer zeigten auch die Tafelmaler, die etwas später wirkten, das Persönliche und Dramatische des Vorgangs anstelle des warnenden Beispiels, indem sie die Menschen in äußersten Situationen – auf der Flucht, in der Trunkenheit, im Liebesakt – in die Szene einführten und ihnen den Vordergrund einräumten. Dadurch wurde das Thema statt abschließend aufschließend; der Akzent lag jetzt nicht auf der Strafe für Vergehung, sondern auf dem Risiko, das etwas Neues herbeiführte und in die Zukunft wies. Anders gesprochen, die Tafelbilder stehen anstelle wahrsagender Träume. Dürer, Altdorfer, Cranach, Monsu Desiderio und Rombout van Troyen malten Lot und seine blutschänderischen Töchter auf oder nach der Flucht aus Sodom, Valckenborch Vater Jonas in der Verzweiflung über Ninive, Valckenborch Sohn und Rombout van Troyen Aeneas
Abb. 10 und das brennende Troja. Den Brand Trojas stellt außerdem ein Kupferstich des niederländischen Meisters Jan Brueghel 1568–1625 dar. Darauf erscheint Troja als untergehendes Rom mit Kirchen, Palästen, Mausoleen und Brücken im Hintergrund eines Schiffs auf dem Wasser und einer großen Zahl von Menschen, unter ihnen

---

[20] Museum Dahlem Preußischer Kulturbesitz Berlin. Nr. 606 B, C.

[21] Matthias Mende: Albrecht Dürer. Das Frühwerk bis 1500. Herrsching 1976. Nr. 31.

Abb. 10 J. Brueghel d. J., Das brennende Troja. Um 1620. Privatbesitz

Aeneas mit seinem Vater Anchises und seinem Sohn Julus.[22] Altdorfer behandelte sein Thema, Sodom und Lots Geschlecht zuerst 1510 in einer Zeichnung und erneut ein Jahr vor seinem Tod 1537 in einem Tafelgemälde. Cranach schuf zwischen 1528 und 1533 vier Sodombilder.[23]

Von Dürer kennt man außer der Rückseite der Haller-Madonna ein Aquarell aus dem Jahr 1525, das als traumartig verdichtete Prophezeiung des Weltuntergangs gedeutet wird und die Sodomthematik symbolisch verdichtet.[24]

Etwas später tauchen etwa seit der Mitte des 16. Jahrhunderts realistische künstlerische Gestaltungen der Vernichtungen von Gebäuden und Ortschaften in der europäischen Kunst auf. Es war schon etwas Neues und Besonderes, als Cornelius Anthoniszoon den Turm von Babel 1547 weder als unvollendetes Bauwerk noch *Abb. 11* als Ruine, sondern im Moment seines Zusammenbrechens radierte, *Abb. 12* wenn auch, wie nicht anders möglich, visionär und nicht realistisch.[25] Als 1552 der Magdeburger Maler und Bürger Hans Rentz die Geschichte der jüngsten Belagerung der Stadt Magdeburg auf einem großen, etwa zwei Meter breiten Holzschnitt erzählte, schaltete er rechts unten als Detail ein brennendes Dorf in die Komposition ein und fügte eine Legende bei, die Darstellung und Brand zeitgeschichtlich erläuterte.[26] Der erste realistische Ortsbrand ist so nicht zufällig der Brand eines kleinen Ortes und sein Bildnis eine Zeitung. Die Augenblicklichkeit und Augenblicksgebundenheit des Interesses schuf die realistische, an keinen Mythos und keine Literatur gebundene Wiedergabe eines Ortsbrandes. Wenig später malte und zeichnete der Niederländer Pieter Brueghel 1525/30–1569 im Zusammenhang mit Studien für die Darstellung einer Seeschlacht eine Landschaft mit einer brennenden Stadt an einem Meer mit

---

[22] Gertraude Winkelmann-Rhein: Brueghel. Köln 1968. Tafel 17.

[23] Die Gemälde von Lucas Cranach. Hrsg. von Max J. Friedländer und Jakob Rosenberg. Berlin 1932. Nr. 169, 170.

[24] H. Tietze, E. Tietze-Conrat: Kritisches Verzeichnis der Werke Albrecht Dürers. Basel, Leipzig 1938. Bd. 2, Halbbd. 2. S. 199, Nr. 948 Z.

[25] Kupferstichkabinett Dahlem Preußischer Kulturbesitz Berlin. Fotoarchiv.

[26] Hans Rentz: Die Belagerung der Stadt Magdeburg.1552. Kupferstichkabinett Dahlem Preußischer Kulturbesitz Berlin.

Abb. 11 Der Untergang von Babylon. Holzschnitt aus der Weltchronik des Hartmann Schedel, Nürnberg 1496

Abb. 12 Die Zerstörung des Turmbaus zu Babel. Kupferstich von Ph. Galle nach M. van Heemskerck, um 1570

Segelbooten und das verbrennende Reggio di Calabria an der Straße von Messina. Die sinnträchtige Verbindung von Brand, See und Schiffahrt taucht hier erneut auf. Gleichzeitig komponierte Brueghel auf einer sinnbildlichen Zeichnung der Hoffnung Schiffbruch und Hausbrand und verwertete so den unmittelbaren Eindruck einer historischen und natürlichen Katastrophe symbolisch.[27] Bald darauf gab der Franzose Pérac-Lafréry im Jahr 1577 den Gesamtplan der großenteils verödeten Riesenstadt Rom zeichnerisch wieder und zeigte darauf die halb verfallene und verlassene Weltstadt mit anschaulicher Genauigkeit.[28]

Abb. 13

Abb. 14

Die realistische Darstellung der Ortszerstörungen kann als zweite Stufe einer plastischen säkularen Verdeutlichung und ihrer künstlerischen Realisierung gelten, deren erste Stufe die Entdeckung des individuellen Stadtbildes und des Porträts war. Sie folgte der Neuheit schöpferischer Selbst- und Dingverwirklichung als positivistische Anwendung. Im folgenden Jahrhundert – das sei hier vorweggenommen – zeitigten der Dreißigjährige Krieg, der reiche Anschauung für die Beobachtung und Wiedergabe von Zerstörungen bot, und das Wachstum großer Städte und ihre Bedrohung durch Brandkatastrophen die Spezialisierung und die künstlerische Durchgestaltung der realistischen Gebäude- und Ortsbrände.[29] Zwei Amsterdamer Künstler sind dafür Kronzeugen, Aert van der Neer 1603–1677 und Jan van der Heyden 1637–1712[30]. Neer spezialisierte sich auf die Darstellung brennender Gebäude in einer abendlichen oder

---

[27] (Pieter) Bruegel: The Drawings. Complete Edition by Ludwig Münz. London o.J. Nr. 25, S. 211, Nr. 142 S. 228; (Pieter) Bruegel: Die Gemälde. Gesamtausgabe von Fritz Grossmann. London 1955. Tafel 1; Les Estampes de Peter Bruegel l'ancien par René van Bastelaer. Bruxelles 1908. Nr. 96, S. 39.

[28] Roma prima di Sisto V. La Pianta di Roma du Pérac-Lafréry del 1577. Roma 1908.

[29] Vgl. Stefano della Bella: Feuersbrunst im Dreißigjährigen Krieg. Reproduktion in: Propyläen-Weltgeschichte. Bd. 5. 1930. S. 433.

[30] Fredo Bachmann: Die Landschaften des Aert van der Neer. Neustadt an der Aisch 1966. S. 45ff., Nr. 12, 22; Helga Wagner: Jan van der Heyden als Zeichner. Die Zeichnungen für das Buch über die »Slang-Brandspuiten«. In: Jahrbuch der Berliner Museen 11. 1969. S. 111–150, besonders S. 118, 121f., 144.

nächtlichen Stadt. Er schuf ein halbes hundert Gemälde dieser Art, darunter Sodom- und Troja-Bilder. Seine bekanntesten einschlägigen Werke sind bzw. waren die Brüsseler »Feuersbrunst in einer Stadt«, auch unter dem Titel »Brand in Dordrecht« bekannt, und die im Zweiten Weltkrieg zerstörte Berliner »Feuersbrunst in einer Hafenstadt«. Bei Neer kehrt die bereits genannte und charakterisierte Kombination von Brand, Seemeer und Schiffen wieder. Als zweites Wirkungselement verwandte Neer die Vereinigung von zwei ver-

Abb. 13 Nachfolger des H. Bosch, Versuchung des Hl. Antonius mit brennender Stadt im Hintergrund. Gemälde in Privatbesitz, um 1520

Abb. 14 Belagerung einer Stadt. Holzschnitt aus der Ehrenpforte für Kaiser Maximilian I. von A. Dürer u. a., um 1512

schiedenen Raumeinheiten mit zwei verschiedenen Lichtquellen, nämlich des Brandortes und -herdes im vorderen Mittelgrund mit einer in die Tiefe führenden Mondlandschaft im Hintergrund. Durch diese manieristische Technik verschaffte Neer, der im Übrigen gern Nachtstücke, zumal Mondlandschaften malte, der Branddarstellung eine bis dahin nicht gekannte Bedeutung durch den Kontrast

zwischen der verzehrenden Katastrophe des Augenblicks mit der bleichen sich immer gleichen Tiefenillusion einer Mondlandschaft.
Wie Neer gelegentlich ein brennendes Gebäude malte, so das alte Stadthaus in Amsterdam, dessen Vernichtung er 1652 beiwohnte, *Abb. 15* so lieferte Jan van der Heyden solche Bilder reihenweise. Er ergänzte die Abbildung brennender Gebäude durch die abgebrannter und verband mit der künstlerischen Darbietung die Demonstration der praktischen städtischen Gegenmaßnahmen, nämlich des großstädtisch und modern organisierten Löschwesens. Seine Brandbilder hängen so aufs engste mit dem Wachstum und der Sicherung der modernen Großstadt im 17. Jahrhundert zusammen.
Auch Schriftsteller begleiteten zu Beginn der Neuzeit die neue Entstehung der großen Stadt mit Warnungen und Weissagungen.

Abb. 15 Brand des Rathauses in Amsterdam 1652. Kupferstich von Joh. de Baen

Durch eignen nutz wart Rom zerstört
Von Troi hant wir ouch gehört,
Ein loblich comun hant wir auch,

dichtete ein deutsches Fastnachtspiel im 15. Jahrhundert ahnungsvoll warnend.[31] Am Tisch Martin Luthers gebrauchte man einen anderen Spruch, der von Wittenberg aus Rom in die Schranken forderte:

Heimlicher neid, kindischer rat
Rom und Troia zerstoret hat.[32]

Auch die Humanisten griffen die Vorstellung auf. Sie erörterten, ob das Beispiel Trojas und Roms etwa auch auf eine moderne Weltstadt wie Breslau anwendbar sei. Der Stadtschreiber von Breslau, Peter Eschenloer (nach 1420–1481), sah Anlaß zur Vorhaltung, der Hirschberger Pancratius Vulturinus widersprach.[33] Schließlich schrieb 1521, sechs Jahre vor dem Sacco di Roma, der Humanist Hieronymus Emser (1477–1527), ein Gegner Luthers, ein Gedicht auf die Stadt Leipzig. Darin heißt es:

Sunt etenim ut nobis sic urbibus omine certo
Praecripti fines interitusque sui.
Sicque Semiramidis sublimia tecta ruere,
Sic Pharaoneae marmora picta domus,
Sic Thebae, sic Troia iacet, sic Pallados arces,
Sic Solymae fato templa superba suo,
Sicque renascentis flagrarunt moenia Romae
Saepe, sed exstingui funditus illa nequit.
Nec tu, Lips, posthac caecis obnoxia fatis
Debebis morti teve decusve tuum.
Nam tibi perpetuae donavit munera vitae
Buschius Aonio vota probante choro.[34]

---

31 Will-Erich Peuckert: Die große Wende. Das apokalyptische Saeculum und Luther. Hamburg 1948. S. 328.

32 Martin Luther: Tischreden. Bd. 1. 1912. S. 501. Nr. 988.

33 G. Türk: Lateinische Gedichte zum Lobe Breslaus. In: Zeitschrift des Vereins für Geschichte und Altertum Schlesiens 36. 1891. S. 104. Will-Erich Peuckert: Die große Wende. Das apokalyptische Saeculum und Luther. Hamburg 1948. S. 322f.

34 Hieronymus Emser: Hodoeporicon V. 7. In: Helius Eobanus Hessus: Noriberga illustrata und andere Städtegedichte. Hrsg. von Joseph Neff. Berlin 1896. S. 75.

Die Distichen lauten auf Deutsch etwa so: »Wie uns Menschen sind den Städten durch die Vorsehung bestimmte Enden und Untergänge vorgeschrieben.« Es folgen die Beispiele, unter ihnen Troja. Dann heißt es wörtlich weiter: »So waren auch die Mauern Roms oft niedergebrannt, doch diese Stadt der Wiedergeburt konnte nicht gänzlich ausgelöscht werden. Ebensowenig wirst Du, Leipzig, einem dunklen Geschick, dem Du verschuldet wärest, anheimfallen.« Denn der Dichter Hermann von dem Busch (1468–1534) begabte Dich durch seine Dichtung »Lipsica« (1504) mit ewigem Leben. Auch die Herrschaft und die Bezwingung der Wiedertäufer in Münster im Jahr 1534 forderte die Zeitgenossen zum Vergleich mit Troja heraus. Der Geschichtsschreiber Kerssenbroick verglich die historische Krise dreißig Jahre später mit dem Trojanischen Pferd: daraus seien die Feuersbrunst des Wiedertäufertums und der Untergang der ganzen Stadt Münster hervorgegangen.[35]

Als Emser und Kerssenbroick so schrieben, wußten sie natürlich, daß die Türken 1453 die Hauptstadt des neurömischen Reichs Konstantinopel, die Tochter Roms oder Neurom, gestürmt hatten.[36] *Abb. 16*
Aber das Ereignis war zu fern, um Europa auf die Dauer tief zu beeindrucken, und zwar fern weniger im geographischen oder gar im zeitlichen Sinn, als im kulturgeschichtlichen. Denn als Konstantinopel fiel, hatten sich der oströmische griechische Sprach- und Kulturbereich und der weströmische lateinische so sehr voneinander getrennt, daß sich die Wirkung des Ereignisses nicht unmittelbar übertrug. Es fand in einer fremden fernen Welt statt, wäh-

---

35 Hermann a Kerssenbroick (Kerssenbroch): Anabaptistici furoris ... historica narratio. Münster 1900. H. 1. S. 6. Vgl. Hermann von Kerssenbroick: Geschichte der Wiedertäufer zu Münster in Westphalen. 1771. S. 7. Vgl. auch das 32zeilige Gedicht »The Burning Babe« von Robert Southwell, (1561–1595), einem Jesuiten in Arundel, der seine Gedichte hauptsächlich im Gefängnis vor seiner Hinrichtung schrieb. Southwell: The Poems. Ed. by James H. McDonald and Nancy Pollard Brown. Oxford 1967. S. 15f. Vgl. ferner De Muro in Sequanis collapso des deutschen Dichters Petrus Lotichius (1528–1560). Lotichius: Poemata omnia. Rec. Petrus Burmannus. Amstelaedami 1754. T. 1. S. 326f. (Lotichius: Elegiae. L. 5. Nr. 2.)

36 Augustinus: De civitate Dei. Buch 5. Kap. 25. Vgl. Ferdinand Gregorovius: Geschichte der Stadt Rom im Mittelalter vom 5. bis zum 16. Jahrhundert. 3. Aufl. Stuttgart 1876. Bd. 2. S. 153. Hugo Rahner: Vom ersten zum dritten Rom. Innsbruck 1949. S. 11, 13.

Abb. 16 Die Einnahme von Konstantinopel. Ausschnitt aus einem Wandbild von Tintoretto im Palazzo Ducale, Venedig, um 1580

rend der Fall von Babylon, von Troja, von Sodom durch Übersetzung und Übertragung angeeignet und zum Eigentum des weströmischen lateinischen Kulturkreises geworden war. Auch die Verheerungen der Städte im Vorderen Orient während der Kreuzzüge und während des Mongolensturms waren nicht in das allgemeine Bewußtsein dauernd eingegangen. In Venedig spürte man noch genug von dem Sturz Konstantinopels und seinen Folgen. In Leipzig profitierte man wohl davon, überblickte die Zusammenhänge und Wirkungen aber nicht genauer. Was man aber auch am Rande wahrnahm, ganz gewiß ahnte man nichts davon, daß der Fall Konstantinopels eine

Übertragung zur Wiedergeburt der Stadt verursachte, so wie es einst der Fall Trojas der Sage nach getan hatte. Denn in dem russischen Kloster bei Pskow schrieb der Mönch Philotheos (Filoféj) dem Großfürsten von Moskau Wassili III. (1505–1533) nach dem Fall Konstantinopels, des zweiten Roms, die Weltherrschaft sei nun von diesem zweiten Rom auf das Dritte Rom Moskau übergegangen. »Denn zwei Rom sind gefallen, das dritte aber wird stehen bleiben, und ein viertes gibt es nicht.« Diese Behauptung wurde mit der Einsetzung des Patriarchen Job von Moskau durch den Patriarchen Jeremias aus Byzanz 1589 offiziell anerkannt. Die Weissagung blieb aber lange im Verborgenen. Sie wurde erst virulent, nachdem Peter der Große im 18. Jahrhundert die Residenz von Moskau in das neue Petersburg an der Ostsee verlegt hatte und entfaltete nun langsam ihre gewaltige Kraft, die sich zu Anfang des 20. Jahrhunderts in der Rückkehr der Herrschaft von Petersburg nach Moskau bestätigte.[37]

---

[37] Noch im Jahr 1916 schrieb der russische Dichter Andrej Belyi (geb. 1880) in seinem Roman »Petersburg«: »Und die Zarenstadt Konstantinograd, auch die Stadt Konstatins oder Konstantinopel genannt, gehört nach dem Erbfolgerecht zum Russischen Reich.«

2. Die frühe Neuzeit

Der Fall Konstantinopels im 15. Jahrhundert, der Sacco di Roma, die Eroberung und Plünderung Roms durch kaiserliche Truppen im Jahr 1527 und die Erstürmung Magdeburgs, der protestantischen Schlüsselstadt, durch die Truppen des kaiserlichen Feldherrn Tilly im Jahr 1631 waren die drei außerordentlichen Vorgänge, in denen sich die Katastrophe der Stadt neu vergegenwärtigte. Sie wurde in allen drei Fällen durch Kriege verursacht und zeigte eine neue Dimension der Kriegsmacht, eine neue Art der Strategie und neue

Abb. 17

Abb. 17 Die Belagerung von Magdeburg durch Tilly, 1631. Kupferstich

Mittel der Kriegstechnik, die sich von den mittelalterlichen Anstalten abhoben. Aber wer dem Geschehen nahe stand und sich davor entsetzte, sah nicht auf die neue Ursache, sondern auf die ewige alte: auf die menschliche Sünde. Kaum war Magdeburg wie einst Sodom und Gomorrha zur «Weltfackel» geworden, befleißigte sich »Die jämmerliche Prophetin Frau Sybilla Magdeburg«, eine Flugschrift von 1631, nachträglich die Kassandra zu spielen und die wahre Ursache der Katastrophe aufzudecken. Zur Zeit der Besetzung Germaniens durch römische Truppen in der Kaiserzeit nach Christi Geburt, behauptete Frau Sybilla, war im Magdeburger Gebiet ein abgöttisches Venusbild errichtet worden. Dieses unkeusche und heidnische Mal hatte »die lieben alten Teutschen zu der unzüchtigen Sodomitterey angereitzet«. Das Bildwerk war sogar stehen geblieben und hatte die Leute im Magdeburger Gebiet »durch die venerische Sodomitterey und Unkeuschheit zu noch grössern Sündern gemacht«, bis die Christianisierung unter den Karolingern und Ottonen das Mal und den Übelstand beseitigte.[38] Aber er harrte noch der Vergeltung, und diese war nun, 1631, besorgt worden. Beim Fall Magdeburgs kamen etwa 20000 Einwohner, nach anderen Mitteilungen sogar 30000 von 30000 bis 35000 ums Leben. 1638 hatte Magdeburg nicht einmal 3000 Einwohner. An Gebäuden blieben nur der Dom, ein Kloster und 50 Häuser verschont, ferner etwa 140 »kleine Hüttlein«, hauptsächlich am Fischerufer.[39] Die Zerstörung war

---

[38] Werner Lahne: Magdeburgs Zerstörung in der zeitgenössischen Publizistik. Magdeburg 1931. S. 108, 154, 157. Dort findet sich auf S. 28 auch ein Vergleich mit Jerusalem. Den Vergleich Magdeburgs mit Troja unternahm rückblickend von 1815 auf 1631 der 1805 geborene Hegelianer Karl Rosenkranz: Von Magdeburg bis Königsberg. Berlin 1873. S. 69. Vgl. auch Petrus Lotichius Secundus: Vaticinia super urbis Magdeburgensis excidio, deutsch von Martin Opitz 1631. In: Lotichius: Poemata omnia. Rec. Petrus Burmannus. Amstelaedami 1754. T. 2. S. 284–289, dazu S. 290–334.

[39] G(ustav) Droysen: Studien über die Belagerung und Zerstörung Magdeburgs 1631. In: Forschungen zur deutschen Geschichte 3. 1863. S. 433–600, besonders S. 563, 572. Deutsches Städtebuch 2. 1939. S. 595. Hugo Grotius: De jure belli ac pacis. Paris 1625. Buch 3. Kap. 12, 1–8 behandelte die Maßhaltung bei Verwüstungen im Kriege ausschließlich anhand 63 heidnischer und christlicher antiker Schriftsteller und Beispiele. (Deutsche Ausgabe hrsg. von Walter Schätzel. Tübungen 1950. S. 517–523.)

vollständig, weil nach der Erstürmung der Stadt am 20. Mai 1631 in der Apokalypse von Mord, Plünderung und Verheerung ein Brand
Abb. 18 ausbrach, dem niemand zu wehren wußte. Die Brandkatastrophe trat wahrscheinlich ungewollt ein. Beide Seiten legten sie sich sofort gegenseitig zur Last, als sie Magdeburg am 21. Mai vollkommen verwüstet sahen.

Ein Ereignis von europäischer Bedeutung war am Ende des 14. Jahrhunderts die Gründung der ersten Universitäten auf deutschem Boden. Bislang war die kaiserliche Herrschaftsgewalt Sache des Reichs, das wissenschaftliche Studium aber Sache der Nationen – der Italiener, der Franzosen und der Böhmen – gewesen. An den Universitäten dieser Nationen studierten auch die Deutschen. Die Opposition der Nationen gegen das Reich, das im 14. Jahrhundert die kaiserliche Herrschaft unabhängig von der päpstlichen behaupten und fortsetzen wollte, und das Bündnis der Nationen mit derjenigen Kirchenpartei, die die kaiserliche Herrschaft dienstbar an die päpstliche binden oder sie verwerfen wollte, führte zum Auszug der kaiserlichen und »nominalistischen« Deutschen aus Frankreich und aus Böhmen, wo nun die nationale und »realistische« Richtung triumphierte. So entstanden die Universitäten in Heidelberg und in Leipzig durch deutsche Emigranten aus Frankreich und aus Böhmen.

Heidelberg war auch Sitz des Pfalzgrafen bei Rhein, eines der deutschen Kurfürsten. Kurz bevor Pfalzgraf Friedrich 1619 als Führer der Protestanten die Königskrone des Königreichs Böhmen gegen die katholische Partei zu seinem Unheil annahm, aus dem Felde geschlagen wurde und floh, beanspruchte Heidelberg als Grabstätte der Kurfürsten von der Pfalz gleichen Rang mit Paris, London, Krakau und Berlin.[40] Währenddessen war die Stadt mit wenig mehr als sechseinhalbtausend Einwohnern und Studenten nur klein.[41]
Den ersten Schlag gegen Heidelberg unternahm im Dreißigjährigen Krieg der kaiserliche katholische Feldherr Tilly, als er 1623 nach

---

[40] (Melchior Adamus:) Apographum monumentorum Haidelbergensium. Haidelbergae 1612. Praefatio S. j.

[41] Erich Trunz: Der deutsche Späthumanismus um 1600 als Standeskultur. In: Zeitschrift für Geschichte der Erziehung und des Unterrichts 21. 1931. S. 31.

Abb. 18 Brand der Stadt Naumburg am 29. Juni 1714. Anonymer Holzschnitt

Abb. 19 Blick auf den Gemüsemarkt von Brüssel nach dem Bombardement von 1695. Aus der Kupferstichfolge von A. Coppens

der Einnahme der Stadt ihre Bibliothek, die »Mutter Bibliothec« Deutschlands, nach Rom entführte.[42] Den zweiten Schlag führte am Ende des 17. Jahrhunderts Ludwig XIV., der durch seine Kriegspolitik die Zentralherrschaft des absolutistischen französischen Königstums im kaiserlichen Maßstab gegen das Haus Habsburg in Wien festigte und ausdehnte. Dieser Auseinandersetzung fiel Heidelberg als Erbe des nominalistischen Ockhamismus, als Sitz der protestantischen »Fronde« im Reich und als Ersatz für den Habsburger Feind Ludwigs XIV. zum Opfer. Stadt und Schloß Heidelberg wurden 1689 und 1690 geplündert und gebrandschatzt.[43] Auf die Kunde von der Zerstörung des Schlosses ließ Ludwig XIV. eine Messe und ein »Te Deum« zelebrieren und in Paris ein Feuerwerk

---

[42] Hippolyt von Colli (1561–1612): Incrementa urbium. Francofurti 1671. S. 167.

[43] Vgl. das Gedicht »Französische Schandtat an Heidelberg verübt« 1689 in: Philipp Witkop: Heidelberg und die deutsche Dichtung. Heidelberg, Berlin 1916. S. 32.

veranstalten. Er prägte 1693 eine Medaille mit der Aufschrift in lateinischer Sprache »Ludwig der Große Christlichster König«. Auf der Rückseite stand: »Heidelberg ist zerstört 1693«. Die Medaille zeigte den Neckar als männliche Gestalt und eine weinende Frau vor dem Brand der Stätte.[44]

Militärisch hatte Heidelberg damals keine Bedeutung mehr. Aber auch seine politische Bedeutung war zur Tradition und zum Symbol geworden. Die Zerstörung Ludwigs XIV. richtete sich gegen die »deutsche Architektur«, die eine französische Darstellung 1695 als »unvollkommen und unregelmäßig« anprangerte.[45] Es war ein Akt der Eifersucht und der Überhebung. Denn fast gleichzeitig oder genauer, bis unmittelbar vor der Attacke gegen Heidelberg baute zwischen 1661 und 1688 Ludwig XIV. in Versailles ein großes und regelmäßig ausgeführtes Schloß im modernen Stil. Die Pfalzgrafen ahmten ihn nach der Zerstörung ihres Stammsitzes nach. An die Stelle von Heidelberg traten Mannheim und Frankenthal im modernen absolutistischen französischen Stil. *Abb. 19*

Zur gleichen Zeit schuf der dänische König Christian V. (1670–1699) in der stark befestigten Kopenhagener Vorstadt Christianshavn am Ende des 17. Jahrhunderts die S. Anna oder Frelsers Kirke. Den zeitgenössischen Vorstellungen gemäß bildete er in ihrem gekupferten Turm durch eine zur Spitze hin umlaufende vergoldete Treppe den babylonischen Turm nach. Christian V. war zusammen mit seinem Vorgänger Friedrich III. der erste Vertreter des dänischen Absolutismus und seiner Verankerung in der Residenzstadt Kopenhagen. Beide wollten nach dem schmachvollen Frieden von Roskilde

---

44 Médailles Françaises dont les coins sont conservés au Musée Monétaire. (Paris o.J.) Nr. 461. S. 25. Vgl. Die Brandschatzung Heidelbergs durch französische Truppen im Februar 1689. Nürnberg, Germanisches Nationalmuseum. Reproduktion in: Propyläen-Weltgeschichte. Bd. 3. 1976. S. 70.

45 Daniel Ramée: Monographie du Chateau de Heidelberg dessinée et gravée par Rodolphe Pfnor. Paris 1859. S. 5f. Wolfram Waldschmidt: Altheidelberg und sein Schloß. Kulturbilder aus dem Leben der Pfalzgrafen bei Rhein. Jena 1909. S. 259–270. Fritz Sauer: Das Heidelberger Schloß im Spiegel der Literatur. Eine Studie über die entwicklungsgeschichtlichen Phasen seiner Betrachtungsweise. Heidelberg 1910. S. 73. Das Bombardement von Athen, das die Türken erfolglos gegen die Venezianer verteidigten, und die Zerstörungen auf dem Parthenon im Jahr 1687 erregten damals anscheinend kaum Aufmerksamkeit.

(1658) die dänische Vormacht gegen Schweden neu befestigen. Im äußersten Südosten der Stadt verkündete die Frelsers Kirke im babylonischen Stil gegenüber der schwedischen Küste nach allen Meeren rings um Kopenhagen den ungebrochenen Machtanspruch der dänischen Könige über den Sund. In Rußland antwortete Peter der Große diesem demonstrativen Denkmal mit der Gründung der Seestadt Petersburg in einer den Schweden entrissenen Landschaft. Unter der Rivalität der großen mitteleuropäischen Mächte Österreich, Sachsen und Preußen hatte im Siebenjährigen Krieg vor allem Dresden, die Residenz der sächsischen Könige, zu leiden, die in der Mitte zwischen den Blöcken und ihren Feindseligkeiten lag. Zu Anfang des Krieges zogen die Preußen im Triumph in Dresden ein und waren vorerst mehr darauf bedacht, ihren Erfolg zur Schau zu stellen als Rache zu üben. Als zwei Jahre später die Österreicher die Stadt belagerten, legte die Besatzung die reich ausgebauten Vorstädte nieder, um freies Feld zur Verteidigung zu haben. Dabei brannte man 266 Gebäude vorsorglich nieder. Bald darauf gelang den Österreichern aber die Besetzung Dresdens, der Mißhandlungen folgten. Im Sommer 1760 versuchte Friedrich der Große die Stadt zurückzugewinnen. Um die Österreicher zu vertreiben, nahm er in Kauf, »Dresden in wenigen Tagen zu einem Schutthaufen verwandelt zu sehen«, und bombardierte es mehrere Tage lang mit schwerem Geschütz. In der farbigen Schilderung des zeitgenössischen Historikers Johann Wilhelm von Archenholz (geb. 1745) heißt es darüber im Jahr 1791: »Das Feuer wirkte entsetzlich in und außer der Stadt; viele der vornehmsten Straßen brannten von einem Ende zum andern. Prächtige Paläste, die jede Stadt Europas geziert hätten, wurden ein Raub der Flammen. Wo man hinblickte, stürzten Häuser von vielen Stockwerken ein, die Sitze der Betriebsamkeit und des Wohlstandes. Oft wurden die armen Einwohner unter dem Schutt begraben.« Da die österreichische Artillerie von der Kreuzkirche aus eingesetzt wurde, wurde auch diese von den preußischen Granaten vernichtet. Die Frauenkirche hielt mit Beschädigungen stand. Über die Abgebrannten und die Flüchtlinge in Dresden schrieb Archenholz: »Alle angenommenen Begriffe von Anstand und Schicklichkeit, alle kleinen Vorurtheile der höhern Volksklassen von Ehre und Schande, alle Regeln der Höflichkeit und Galanterie hörten in diesen schreck-

Abb. 20 Die Pestsäule von 1682 auf dem Graben in Wien

lichen Stunden auf; alle Verhältnisse des bürgerlichen Lebens wurden aus den Augen gesetzt oder aufgelöst.« Als die preußischen Truppen nach gut vierzehn Tagen die Belagerung aufhoben und abzogen, waren in Dresden sechs Kirchen und 416 Paläste und Häuser zerstört, 115 beschädigt. Die Zahl der Einwohner, die 1755 über 63000 betrug, war 1772 auf 45000 zurückgegangen und erreichte im 18. Jahrhundert den alten Stand nicht wieder zurück. »Die schreckliche Wirkung jener unglücklichen Belagerung ist jetzt nach siebenzig Jahren noch sehr fühlbar,« heißt es in einer späteren Auflage von Archenholz' Werk. Über den früheren Zustand und Glanz der Stadt bemerkte er: »Von diesem Dresden sind wenige Spuren mehr vorhanden.«[46]

Ein rätselhaftes Übel, das die Städte heimsuchte, brach in der Zeit
Abb. 20 des Dreißigjährigen Krieges mit der Pest neu auf. Sie hatte sie schon im Altertum und Mittelalter, im Altertum vor allem die Weltstädte Athen und Rom, im Mittelalter eine Serie verschiedener Städte um 1350, heimgesucht. Nach einer längeren Pause trat sie nun im 17. Jahrhundert wieder auf. Die Pest von 1630 in Mailand schilderte später Manzoni in seinem Roman »I Promessi Sposi«. In Venedig errichtete man 1631 zum Dank für die Erlösung der Stadt von der Pest die Kirche Santa Maria della Salute und begründete ein Fest der Befreiung von der Pest, das noch nach zweihundert Jahren alljährlich begangen wurde. In München wurde 1634 die Mariensäule errichtet, nachdem die Pest ein Drittel der Einwohner dahingerafft hatte. In Oberammergau führte ein Pestgelübde 1633 zur Begründung der Passionsspiele. Denkmale wie in München und Spiele wie in Oberammergau halten seitdem auch in anderen Städten über Jahrhunderte die Erinnerung an diese Auszehrung der Stadt wach.

Im nördlichen Europa wurde London im 17. Jahrhundert zwischen
Abb. 21 1601 und 1679 fast Jahr für Jahr von der Pest und einmal von einer
Abb. 22 Feuersbrunst heimgesucht. In einem Jahr verlor London durch die

---

[46] J(ohann) W(ilhelm) von Archenholz: Geschichte des Siebenjährigen Krieges in Deutschland, (1791). 7. Aufl. hrsg. von Aug(ust) Potthast. Berlin 1861. S. 9, 197, 275, 329–340. Die Zahl der Einwohner in Dresden unter der Regierung Koenig Anton Clemens I. Dresden 1829. S. 28.

Abb. 21 Der Brand von London. Ölbild von L. Verschuier, um 1670. Budapest, Museum

Pest ein Zehntel seiner Bewohner. Daniel Defoe schilderte 1665 das Pestjahr in London in aller Ausführlichkeit, Samuel Pepys (1633–1703) in seinem Tagebuch 1660 den Brand der Londoner City. Auch auf Bildern erhielt man das Gedächtnis daran.[47] Später verlor die dänische Hauptstadt Kopenhagen von etwa 50000 bis 66000 Einwohnern, die sie 1710 hatte, im Pestjahr 1711 22000 Menschen.[48] Kopenhagen hatte freilich 1728 wieder über 54000 Menschen. Das hatte symptomatische Bedeutung. Denn seitdem war die Kraft der Pest in Europa gebrochen. Gewiß haben einzelne Ausbrüche die Menschen später immer wieder beunruhigt. Als die erste Choleraepidemie von Osten kommend Deutschland erreichte, starb der Philosoph Hegel 1830 in Berlin auf der Flucht vor der Krankheit daran. Später folgten neue Massenerkrankungen. Zuletzt erregte der Ausbruch der Cholera in Hamburg, Paris und Havre 1892 Furcht und Aufsehen. Aber diese Massenerkrankungen in den großen Städten, die vom Ende des 18. Jahrhunderts an berichtet werden, unterscheiden sich nicht mehr entscheidend von den modernen Grippeepidemien, die seit dem Ende des 18. Jahrhunderts von Zeit zu Zeit in den Städten auftreten.

Die von der Pest Betroffenen und Geretteten reagierten im 17. Jahrhundert mit Beschwörungen, mit der Errichtung von frommen Gedenkstätten und mit der Einrichtung von wiederkehrenden Begehungen. Sie ähnelten den Beschwörungen, Gedenkstätten und Begehungen aus späterer Zeit, die nach Kriegen geschaffen wurden. Siegessäule und Heldendenkmal wurden vom 18. bis zum 20. Jahrhundert die Nachfolger der Pestsäulen des 17. Jahrhunderts. Als

---

[47] Daniel Defoe: A journal of the plague year. Being observations or memorials of the most remarkable occurences ... which happened in London during the last great visitation in 1665. Oxford 1928. Vgl. Walter George Bell: The Great Plague in London in 1665. London 1951; Samuel Pepys: The diary. Transcribed from the shorthand ms. in the Pepysian Library. Magdalene College Cambridge by Mynors Bright. With Lord Braybrooke's notes ed. with add. by Henry Benjamin Wheatley. London 1928. Vol. 5 S. 417–431, 1. bis 7. September 1666. Vgl. Walter George Bell: The Great Fire of London in 1666. London 1920 (Reprint 1951), mit Abbildungen S. 84, 108; Der große Brand der Londoner City 1666, vermutlich von Lieve Verschuir, 1666–67, London Museum. Reproduktion in: Propyläen Weltgeschichte. Bd. 4. 1976. S. 45.

[48] Historische Zeitschrift. Sonderheft 1. 1962. S. 45.

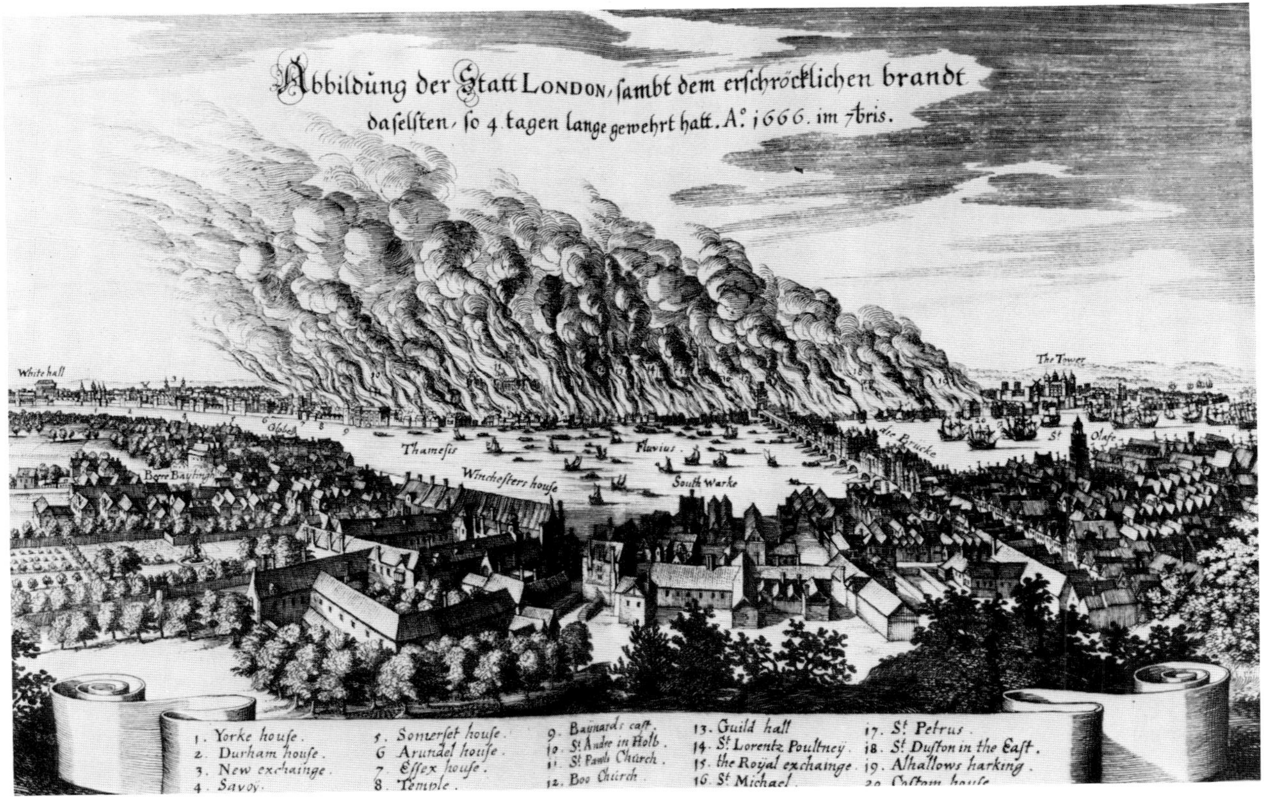

Abb. 22 Der Brand von London 1666. Zeitgenössischer Holzschnitt

seit der Mitte des 18. Jahrhunderts die Kraft der Pest gebrochen war, setzte die Reflexion darüber ein. Der Historiker Barthold Georg Niebuhr (1776–1831) bedachte ihre Erscheinung im Altertum und sagte 1816 in Berlin von ihr, daß sie nicht nur töte und entvölkere: »Sie nagt auch an der moralischen Kraft und vernichtet sie oft ganz«. Ihre Folge war laut Niebuhr Ausartung: »In solchen Epidemien sterben immer die Besten, und die Uebrigen arten moralisch aus. Die Zeiten der Pest sind immer da, wo das Thierische und Teuflische im Menschen hervor tritt«. Niebuhr weigerte sich, die Pest als einen bloßen »Conflict der physischen mit der Menschengeschichte« zu verstehen; und er äußerte die Überzeugung, »es sey das Obsiegen des Verneinenden, Zerstörenden der beiden im Kampf begriffenen Prinzipien«, d.h. ein Sieg des Bösen über das Gute.[49] Später bildete sich im 19. Jahrhundert die ärztliche Meinung, daß der Ausbruch der Cholera mit Krieg und Frieden zusammenhänge. Frieden verhindere ihn, Krieg führe dazu. Eine moralische Ursache der Erscheinung und die Moralisierung, die ihre Folge ist, liegen so eng beieinander, daß man sie kaum unterscheiden kann. Die Überanstrengung begründet die Krankheit; die Furcht fördert sie und breitet sie aus; die Unterhöhlung der Widerstandskraft ist innerlich und äußerlich ihr Nährboden. Aber ist das Übel einmal dagewesen, so fehlt es auch nicht an Möglichkeiten, es nachträglich zu begründen, und auch nicht an Gelegenheiten, die Gründe unter die Leute zu bringen.[50]

Währenddessen wechselte das Übel sein Gesicht. Kaum war die Kraft der Pest in Europa gebrochen, platzte wie eine Bombe in die Wendung Europas zu etwas mehr Optimismus und etwas mehr Aufklärung als bisher die Nachricht von der Zerstörung Lissabons durch ein Erdbeben vom 1. November 1755. Dem Erdbeben folgten Überflutung, Feuersbrunst und Banditentum. Zwei Drittel der Stadt wurden zerstört. Die Regierung erwog zeitweise ernsthaft die Verlegung ihres Sitzes nach Coimba. Unter dem »Dämon des Schrek-

---

[49] Lebensnachrichten über Barthold Georg Niebuhr. Hamburg 1838. Bd. 2. S. 166. Berlin, den 27. Februar 1816.

[50] Friedrich Hebbel: Tagebuch. Bd. 4. S. 115. Nr. 5586. 17. August 1857. Paul Bornstein: Friedrich Hebbels Persönlichkeit. Berlin 1924. Bd. 1. S. 449 (1857).

kens« – so formulierte Goethe – fiel eine ungeheure Zahl von Opfern, ohne daß je annähernd Genaues darüber festzustellen war. Hatte Lissabon damals 130000 oder 270000 Einwohner? Starben 15000, starben 30000 oder 60000 von ihnen oder gar 100000?[51]

Das Ereignis betraf auch diejenigen, die davon nicht getroffen waren, unter ihnen die universalen geistigen Köpfe Europas, den sechsjährigen Goethe, den einunddreißigjährigen Kant und den sechzigjährigen Voltaire. Ihre Äußerungen zeigen, daß die repräsentative Reaktion Europas auf die Katastrophe nicht mehr geistlich und sündhaft zerknirscht ausfiel, wie es bis ins 17. Jahrhundert vornehmlich geschah, sondern wissenschaftlich und philosophisch sensibel. Das Unheil warf diejenigen, die es zu verarbeiten hatten, nicht in die Enge mittelalterlicher Moral zurück, sondern trieb sie in die Bedrängnis des gänzlich Ungesicherten weiter. Der Knabe Goethe registrierte »ein außerordentliches Weltereignis« und wurde davon »nicht wenig betroffen«: »Gott, der Schöpfer und Erhalter Himmels und der Erden, den ihm die Erklärung des ersten Glaubensartikels so weise und gnädig vorstellte, hatte sich, indem er die Gerechten mit den Ungerechten gleichem Verderbens preisgab, keineswegs väterlich bewiesen. Vergebens suchte das junge Gemüt sich gegen diese Eindrücke herzustellen, welches überhaupt um so weniger möglich war, als die Weisen und Schriftgelehrten selbst sich über die Art, wie man ein solches Phänomen anzusehen habe, nicht vereinigen konnten,« liest man im ersten Buch von »Dichtung und Wahrheit«.[52] Während sich Goethe getraute, die Natur als Richtschnur der Weisheit und als Muster der Kunst über Buch und Regel zu stellen, erkannte er sie im Erdbeben von Lissabon auch

---

[51] Johann Georg Krünitz: Ökonomisch-technologische Encyklopädie 79. 1800. S. 636f. Wiederholt beschäftigte sich der junge Immanuel Kant mit dem Erdbeben von Lissabon. Er schrieb darüber »Geschichte und Naturbeschreibung der merkwürdigsten Vorfälle des Erdbebens, welches an dem Ende des 1755sten Jahres einen großen Teil der Erde erschüttert hat« (1756), »Von den Ursachen der Erderschütterungen bei Gelegenheit des Unglücks, welches die westlichen Länder von Europa gegen das Ende des vorigen Jahres betroffen hat« (1756) und »Fortgesetzte Betrachtung der seit einiger Zeit wahrgenommenen Erderschütterungen« (1756). Immanuel Kant: Werke. Berlin 1910. Bd. 1. S. 417–472.

[52] Johann Wolfgang Goethe: Dichtung und Wahrheit. T. 1. B. 1.

in ihrer gräßlichen und fratzenhaften Kehrseite: »So behauptet von allen Seiten die Natur ihre schrankenlose Wirkung.«
Voltaire verfaßte im Jahr danach 1756 ein ausführliches Gedicht über das Desaster und legte es an als eine Prüfung des Grundsatzes: Alles ist gut.[53] Die Dichtung ist etwa 230 Verse lang; und Voltaire appelliert in ihr vom pharisäischen Richtstuhl befriedigter Moral und befriedigten Wissens, der für gut befindet, was immer geschieht, an die subjektive Instanz höherer Einbildung, die es verschmäht, die Ausweglosigkeit des menschlichen Schicksals durch den Anspruch auf die Notwendigkeit und auf den Sinn des Geschehens zu retuschieren und zu übertrumpfen.
Voltaire begann mit einer Frage:

> Dahin ist Lissabon, verdient es mehr Verdacht,
> als London und Paris im Pfuhle ihrer Pracht?
> Zur Hölle, Sünderin; hier oben ist ja Ball,
> dem unerschrocknen Geist zuwider das Fanal.
> Er sieht das Sterben an, jedoch im Opernglas,
> und sucht den klaren Grund des Unheils ohne Maß.
> Spürst Du Dich erst als Feind dem Schicksal im Visier,
> lernst Du die Menschlichkeit im Tränenstrom wie wir.

Aus Voltaires Versen, die Gedanken und Gefühle zu düsteren und drückenden Wolken ballten, zuckten wie einzelne Blitze Sentenzen: Die Lebewesen sind zum Leben verdammt; alle fühlenden Wesen, unter demselben Gesetz geboren, leben im Schmerz ... So zucken alle Glieder der ganzen Welt; zu Folterungen geboren sind alle, und einer geht durch den andern zugrunde ... Elemente, Tiere, Menschen: alles befindet sich im Krieg ... Die Natur ist stumm, man fragt sie vergebens ... Wie kann ein schwacher Zusammenhang von Nerven und Knochen fühllos sein gegen den Schock der Elemente? Was frommt? Vielleicht weise und groß genug zu sein, um ohne System auszukommen...
Denn:

> Die Welt, ein Schauspielhaus, vor Stolz und Wahn verrückt,
> ist voll Verzweifelter, und jeder tut beglückt.

---

[53] Voltaire: Poeme sur le désastre de Lisbonne ou examen de cet exiome: tout est bien. In: Voltaire: Œuvres complètes 9. 1877. S. 470–479.

Voltaires Darstellung läßt sich dem weltlich-heidnischen Schema der Stadtzerstörung ebensowenig zuordnen wie dem christlich-moralischen. Lissabon war in seinem Gedicht weder ein zweites Troja noch ein zweites Sodom. Doch knüpfte Voltaire an die christliche Vorstellung an. Indem er sie abwies, ging er nicht wieder zur weltlich-heidnischen Auffassung über. Während er die christliche Lehre nicht gelten ließ, behielt er die Struktur christlichen Denkens bei. Das ist die Wurzel der Aufklärung. So pessimistisch Voltaire die Wirklichkeit sah, wollte er im Reservat der Zukunft die Verwirklichung der Hoffnung nicht missen. Der Aufklärer urteilte desto schonungsloser, je gewisser er seines Optimismus war. So ist Voltaires Dichtung durchaus aufklärerisch, je entschiedener sie der geläufigen christlichen Moral begegnet, desto christlicher will sie insgeheim sein, christlicher als die Mundchristen.

Den Moralisten des 18. Jahrhunderts war und blieb Lissabon als »das zweite Sodom« im Gedächtnis, bis neue Erdbebenkatastrophen eintraten.[54] Am 5. Dezember 1783 forderte ein Erdbeben in Messina, das durch die Pest von 1740 vierzigtausend Menschen verloren hatte, erneut eine große Zahl von Opfern. Insgesamt kamen damals in Kalabrien etwa hundertausend Menschen um. Ein Gedächtnis an das Erdbeben in Messina vom 28. Dezember 1908, durch das 83000 Menschen umkamen, erhielt sich fast bis in die Gegenwart, die 1976 an verschiedenen Stellen durch die Erscheinung erneut ernsthaft betroffen und beschäftigt wurde.[55]

In der zweiten Hälfte des 18. Jahrhunderts blieb die künstlerische Darstellung brennender Gebäude und Gebäudekomplexe ein übliches Thema, ohne daß man sie zu den Genrethemen rechnen kann. Es scheint, daß es in Hessen eine besondere Neigung und Tradition für die Behandlung des Themas gab. Hier entstand das Gemälde »Feuersbrunst« des Frankfurter Malers Johann Georg Trautmann

---

[54] F. W. Taube (Wien): Gedanken über die Verschönerung der Städte. In: Deutsches Museum 1776. Bd. 2. S. 637. Ein Text auf »Das Erdbeben von Lissabon oder die Zornposaune über Portugal« bei (Anton Birlinger:) Schwäbische Volkslieder. Freiburg i. Br. 1864. S. 40. Zitiert nach Schock schwere Not! Drei Dutzend Moritaten. Ausgew. von Wilhelm Fraenger. Hamburg o. J. S. 5–7.

[55] Vgl. André Degon, Kurt Emmenegger: Und immer bebt die Erde. (Große Katastrophen 3.) Neue Zürcher Zeitung, 24.–25. März 1978. Fernausgabe Nr. 69. 45–47.

1713–1769, das heute in Kassel hängt. Johann Wolfgang Goethe zeichnete etwa 1776 eine Brandstätte mit löschender Mannschaft, vielleicht anläßlich eines Brandes im thüringischen Dorf Uttenbach, vielleicht in Verdichtung verschiedener Brandfälle (man hat in Goethes Tagebuch deren in der Zeit zwischen 1776 und 1780 siebzehn verzeichnet gefunden). Als seit Beginn des 19. Jahrhunderts die romantische Ruinendarstellung aufgekommen war und die touristische Ruinendarstellung die Oberhand gewonnen hatte, bearbeitete der hessische Maler Karl Engel von der Rabenau 1817–1870 die Aktualität des Themas in seinem Gemälde »Brand in der Judengasse in Frankfurt am Main«. Es befindet sich gegenwärtig im Depot des Hessischen Landesmuseums in Darmstadt.[56]

Auch von außen entstand der Stadt im 18. Jahrhundert neue Be-
Abb. 23 drohung. Zwar gab es die Raubritter und Belagerer nicht mehr, die die kleinen Landschaften vor der Errichtung der Landesstaaten verunsichert hatten. Nach den Heereszügen des Dreißigjährigen Krieges verschanzte sich die Stadt hinter unendlichen Festungswerken. Aber wo die bürgerlich-städtische Welt nun ins Unrecht setzte, drohte ihr der Beleidigte zurück. Die Vorstellung, das Verderben einer Stadt gehe aus Zwietracht, Partei- und Sektenbildung hervor, war alt. Eschenloer hatte damit um 1500 das Verderben Trojas und Roms begründet und Breslau vor ähnlicher Gefahr gewarnt. Die Entzweiung der Menschen in »Bürger« und »Räuber« machte das Thema im 18. Jahrhundert wieder aktuell. Aufsehen erregten damals der Räuber Cartouche in Paris 1721, der bayrische Hiesel alias Klostermeyer in Augsburg 1771, der Schinderhannes alias Bückler in Mainz 1803.[57] Sinnbildlich faßbar wurde die Bedrohung, als Schiller 1781 die Entzweiung des voreilig verstoßenen und so räuberisch gewor-

---

[56] Johann Georg Trautmann: Feuersbrunst. Städtische Kunstsammlungen Kassel. Inventarnr. 618; Corpus der Goethezeichnungen. Leipzig 1971. Bd. VI B. Nr. 175 S. 63. Vgl. dazu Karl Hebel: Goethes Branderlebnisse im ersten Weimarer Jahrzehnt und ihre Spiegelung in Flammengleichnissen. In: Goethe. N.F. 22. 1960. S. 86–103, dort S. 87; Karl Engel von Rabenau: Brand in der Judengasse in Frankfurt am Main. Hessisches Landesmuseum Darmstadt. Fotoarchiv Nr. F 68: 11660.

[57] Vgl. Meyers Konversations-Lexikon. Schlüssel. Leipzig 1880. S. 304 E. J. Hobsbawn: Bandits. London 1969. Carsten Küther: Räuber und Gauner in Deutschland. Das organisierte Bandenwesen im 18. und frühen 19. Jahrhundert. Göttingen 1976.

Abb. 23 H. Burgkmair, Schlachtendarstellung mit Zerstörung einer Stadt. Aus dem »Weisskunig«, etwa 1526

denen Karl mit dem voreilig verzogenen, mißbildeten und dienstbeflissenen Franz in seinem Drama »Die Räuber« darstellte. Karls Räuberbande in den Böhmischen Wäldern erneuerte das Unheil durch Brandstiftung: »Da lag die Stadt wie Gomorrha und Sodom, der ganze Horizont war Feuer, Schwefel und Rauch.«[58] Währenddessen klang es im Wertherton von Frankfurt in die Groß-

[58] Friedrich Schiller: Die Räuber, 1781. Akt 2. Szene 3.

stadt Berlin hinüber: »In Eurem Sodom.«[59] So schrieb Goethe 1775 an die Karschin weder im Scherz noch im Ernst, sondern aus Selbstbewußtsein. Auch der Leibarzt und Philosoph Johann Georg Zimmermann in Hannover (1728–1794), ereiferte sich um die gleiche Zeit über das Berliner Sodom und Gomorrha.[60] Kamen Frankfurt und Hannover denn ohne Freudenmädchen aus? Jedenfalls nicht ohne Eifersucht auf die größere Stadt, die durch Friedrich den Großen zur Weltstadt geworden war, wie es weder die Krönungs- und Reichsstadt Frankfurt noch die Residenzstadt Hannover in Vergleich dazu waren. Wer näher zusah, fand die Städte überhaupt unterbaut, ja unterwühlt. Man entdeckte darunter die Katakomben, vor allem in den Weltstädten wie London und Paris, aber auch in Wien und Frankfurt am Main.[61] So schien die Stadt, seit jeher und vor allem seit dem Dreißigjährigen Krieg durch riesige Festungswerke gesichert und begrenzt, mit Beginn der Epoche des Massenlebens und der Urbanisierung in eine neue Dimension zu geraten. Ihre Umwallungen und Ringe erledigten sich, sie zerfielen und wurden geschleift. Die Stadt geriet ins Offene und an den Rändern und unterhalb der Straßen ins Bodenlose.

---

[59] Johann Wolfgang Goethe an die Karschin, 17.–28. August 1775. Goethe: Werke. Abt. 4. Bd. 2. 1887. S. 282.

[60] Nikolaj Michailowitsch Karamsin: Briefe eines reisenden Russen. München 1966. S. 72f.

[61] Karl Riha: Die Beschreibung der großen Stadt. Zur Entstehung des Großstadtmotivs in der deutschen Literatur (ca. 1750–ca. 1850). Bad Homburg v.d.H. 1970. S. 109. Vgl. Johann Wolfgang Goethe: Dichtung und Wahrheit. T. 1. Buch 7: Bereits als Knabe hatte er »in die seltsamen Irrgänge geblickt, mit welchen die bürgerliche Gesellschaft unterminiert ist.«

3. Die Epoche seit der Französischen Revolution

Unmittelbar vor der Französischen Revolution, die zum Abriß einer jahrhundertealten gesellschaftlichen und politischen Ordnung und zeitweise zu Exzessen der Massenherrschaft in der Großstadt führte, erlebten Zeitgenossen den Abriß jahrhundertealter Stadtteile und Straßenzüge, auf denen die gesellschaftliche und politische Ordnung teilweise geruht hatte. Die Ruine war bislang eine aus der Vergangenheit überkommene oder reproduzierte musterhafte Baufigur gewesen, die der Zeit trotzte. Der bisherige Wandel der Bebauung im Rahmen der Stadt mit den beständigen Wiederholungen von Umbau, Reparatur, Abriß, Neubau beliebiger einzelner Bauwerke, die genutzt wurden und für nichts als die Nutzung da waren, verteilte sich auf lauter einzelne Vorgänge und wurde noch nicht als einschneidender zusammenhängender Vorgang der Zerstörung und Gestaltung erfaßt oder mit einem Begriff von Sanierung bedacht. Das geschah
Abb. 24 nun zum ersten Mal und zwar in Paris. Der Maler Hubert Robert (1733–1808), durch eine ausgedehnte Praxis der üblichen Ruinenmalerei geschult, wandte sich unmittelbar vor der Revolution von 1789 dem Thema des Abrisses von ganzen Häuserreihen zu, das bisher kein Vorwurf der Künstler gewesen war, und «protokollierte» Häuserabbrüche auf dem Pont-Notre-Dame und auf dem Pont-au-Change (1788) in Paris.[62]

Parallel zu dieser Handlung und Beobachtung wirkten seit 1789 die
Abb. 25 Revolutionsmänner in Paris. Aus dem Bürgertum der Städte, unterstützt vom Pöbel, entsprang eine neue Macht, die in kriegerischen Zwiespalt mit der feudalen und monarchischen geriet, so wie in Schillers »Räubern« 1781 die Brüder Karl und Franz miteinander in Unfrieden gekommen waren. Der Dichter Friedrich Leopold Graf zu Stolberg, ein hervorragender Vertreter des kirchlichen und feudalen Geistes in Norddeutschland, brandmarkte die bürgerlichen

---

[62] Hubert Burda: Die Ruine in den Bildern Hubert Roberts. München 1967. S. 169 Nr. 103, 104. Charles Meryon: Paris um 1850. Zeichnungen, Radierungen, Photographien. Frankfurt am Main usw. 1975–76 (Ausstellungskatalog). S. 19. Nr. D 16.

Abb. 24 H. Robert, Abbruch der Häuser auf dem Pont-au-Change, 1788. München, Bayer. Staatsgemäldesammlungen

Parteipolitiker in Paris 1796 geradezu als die »französischen Herostrate« und verglich sie so mit dem antiken Brandstifter Herostrat, der den Dianatempel in Ephesus angesteckt hatte, um berühmt zu werden.[63]

Gegen die Feinde der Monarchie in Frankreich rüstete sich 1792 das Heer ihrer Verteidiger in Preußen und in Österreich. In Mainz, dem Tummelplatz der Emigranten aus Frankreich, versprachen sich die Politiker etwas von einer geharnischten Drohung an die Pariser, »daß man ihre Stadt gründlich zerstöre samt allen Einwohnern, ohne Unterschied von Alter und Geschlecht«, falls sie es wagten, etwas gegen Ludwig XVI. und seine Familie zu unternehmen. Der preußische König billigte es, daß den Pariser Aufrührern die Zerstörung ihrer Stadt offiziell angedroht werden solle. An den Höfen bis hin nach Wien und Petersburg war man gleicher Meinung. So setzte ein Emigrant in Brüssel den Entwurf eines Manifestes gegen die Revolutionäre auf. Diesen Text unterzeichnete der preußische Oberbefehlshaber der Invasionstruppen, der alternde Herzog Karl Wilhelm Ferdinand von Braunschweig (1735–1806). Sein Koblenzer Manifest vom 25. Juli 1792 richtete sich an die Einwohner Frankreichs und teilte ihnen mit, daß diejenigen, die sich gegen die einrückende Armee wandten, auf der Stelle nach Kriegsrecht bestraft, ihre Häuser aber niedergerissen oder in Brand gesteckt werden sollten. Wenn die Tuilerien, der Sitz des Königs von Frankreich, angegriffen und Ludwig XVI. und seine Familie im mindesten der Beleidigung oder Gewalt ausgesetzt würden, würden der Kaiser von Österreich und der König von Preußen »eine beispiellose, auf immer merkwürdige Rache dafür nehmen und die Stadt Paris einer militärischen Exekution und einer völligen Umkehrung preisgeben, die schuldigen Rebellen aber, wie verdient, an Leib und Leben strafen.« Damit nicht genug erließ der Herzog zwei Tage später noch eine ergänzende Erklärung an die Einwohner von Frankreich. Für den Fall, daß der König und seine Familie gewaltsam aus Paris weggeführt würden, bedrohte er alle Städte und Dörfer Frankreichs, die den Durchzug gestatteten, mit dem Schicksal von Paris.[64]

---

[63] Friedrich Leopold Graf zu Stolberg: Briefe. Neumünster 1966. Nr. 341. S. 329, 13. Juli 1796.

[64] Quellen zur Geschichte des Rheinlandes im Zeitalter der französischen Revolution

Abb. 25 »Die Freiheit führt das Volk«. Ausschnitt aus einem Gemälde von E. Delacroix, mit dem brennenden Paris im Hintergrund. 1830. Paris, Louvre

Die angedrohte Zerstörung bewirkte das genaue Gegenteil dessen, was sie bewirken sollte. Sie erregte nicht Furcht, sondern Empörung und entschied das Schicksal Ludwigs XVI. Das Manifest vom 25. Juli wurde zum Beweis seiner Strafwürdigkeit. Es bildete die eigentliche Anklageschrift, die ein halbes Jahr später zu seiner Hinrichtung führte. Die Franzosen vergaßen die Beleidigung danach nie wieder. Noch nach 15 Jahren sprach Napoleon 1807 davon, daß der Herzog von Braunschweig angekündigt habe, er wolle Paris zerstören und nicht einen Stein auf dem andern lassen.[65] Das Strafgericht aber, das Paris angedroht war, erging von dort über Lyon, als es sich 1793 vergebens gegen die Pariser Jakobinerherrschaft in seinen Mauern erhob.

Die napoleonischen Kriege führten in Europa zwei städtische Katastrophen herbei. Die Engländer beschossen vom 2. bis 4. September 1807 Kopenhagen mit Schiffsbomben, die weite Teile der bereits 1728 und 1795 durch Feuer heimgesuchten Stadt zerstörten. Für Kopenhagen wurde der Brand von 1807 zu einer bis in die Gegenwart dauernden Erinnerung, obwohl viel Altes erhalten blieb, weil
Abb. 26 er die letzte Katastrophe blieb. Moskau verbrannte sich 1812 selbst, um den Eindringling Napoleon zum Weichen zu bringen.[66] Obwohl Moskau fast ganz vernichtet wurde und keine weitere Zerstörung ähnlicher Art folgte, blieb das Ereignis wohl weniger tief als in Kopenhagen haften, da sich inzwischen die Gesellschaft im Herzen Rußlands tiefgreifender veränderte als im Herzen Dänemarks. Der Zerstörung Moskaus widmete der Dichter Conrad Ferdinand Meyer

---

1780–1801. Ges. von Joseph Hansen. Bonn 1933. Bd. 2. S. 266 Anmerkung 3, S. 298 Anmerkung 3, S. 299. Vgl. Kurt Heidrich: Preußen im Kampfe gegen die französische Revolution. Stuttgart, Berlin 1908. S. 152, 154f. Adalbert Wahl: Geschichte des europäischen Staatensystems ... 1789–1815. München, Berlin 1912. S. 38. Sydney Seymour Biro: The German Policy of Revolutionary France. Cambridge Mass. 1957. Bd. 1. S. 69.

[65] Napoleon I.: Gespräche. Hrsg. von F. M. Kircheisen. 2. Aufl. Stuttgart 1911. Bd. 1. S. 297.

[66] Vgl. Merkwürdige Schilderungen der Verbrennung Moskau's von einem Bewohner dieser Stadt. Aufruf an die Deutschen von einem Bewohner Petersburgs. o.O. 1813. Besonders S. 5, 9f.; Der Brand von Moskau 1812, Holzschnitt. Moskau, Historisches Museum. Reproduktion in: Propyläen-Weltgeschichte. Bd. 7. 1929. S. 210.

Abb. 26 Der Brand von Moskau 1812. Nach einem anonymen russischen Holzschnitt.

1862–63 ein Gedicht, das in letzter Fassung: »Napoleon im Kreml« aus dem Traum fahren ließ. Er hatte geträumt, daß ihm sein purpurner Herrschermantel, dessen Purpur sich durch das Blut seiner Opfer rötete, geraubt und über Moskau hinweggestreift wurde. Wo die Fetzen des Mantels die Stadt berührten, entflammte sie sich, und der erwachte Kaiser starrte in den Brand von Moskau.[67]
Auf dem fluchtartigen Rückzug aus Rußland erfuhr Napoleon, daß man nun überall dort, wo man ihm früher gehuldigt hatte, gegen ihn aufstand. Die Katakomben seiner Herrschaft schienen sich aufzutun. Um die Brandherde auszutreten, richtete er nach der Rückkehr seine Drohungen gegen die Städte, aus denen in Mitteldeutschland die Ideologie des Aufstandes zu stammen und in denen sie angefacht zu werden schien. Im April 1813 hatte Napoleon in Erfurt ein Gespräch mit dem weimarischen Kanzler von Müller, einem bekannten Gesprächspartner Goethes. Erzürnt über die frechen und revolutionären Reden der Professoren drohte Napoleon damit, die Stadt Jena oder wenigstens die Häuser der Professoren zu verbrennen: »Aber diesen Herren von Jena soll eine tüchtige und strenge Lehre gegeben werden, damit sie wenigstens wissen, daß ich im Handumdrehen mit einem Schlag ihre ganze Universität zertrümmern kann«, sagte er zu Müller. Was die Brutstätte des Idealismus Jena ausdachte, verbreitete anschließend die Buchhandelsstadt Leipzig. In Dresden bedrohte Napoleon daher im Juli 1813 die Leipziger: »Man wird mich durch alle diese Torheiten zwingen, in Deutschland ein Exempel zu statuieren. Ich werde eine Stadt verbrennen müssen, um die übrigen abzuschrecken.«[68]
Als sich das Blatt wendete, drehten die Bedrohten den Spieß um und drohten selbst. Die christlich-romantischen Freiwilligen im preußischen Heer, die 1814 und 1815 nach Frankreich zogen, waren ihrer humanistischen Erziehung zum Trotz vom Gedanken der Vergeltung berauscht. Sie hatten eine »dunkle Idee« davon, Paris sei nun daran, zerstört zu werden. Wenn sie es auch nicht geradezu wollten und

---

[67] Conrad Ferdinand Meyer: Napoleon im Kreml. In: Meyer: Sämtliche Werke. Besorgt von Hans Zeller und Alfred Zäch. Bern 1963–67. Bd. 1. S. 181 Nr. 118. Bd.3. Apparat S. 336–341.

[68] Napoleon I.: Gespräche. Bd. 2. S. 235–237, 244.

forderten, so spukten doch traumähnliche »Streiflichter dieses Gedankens« an ihnen vorüber.[69] Napoleon behauptete später, nur der Kaiser von Rußland habe Paris 1814 davor bewahrt, von den Preußen verbrannt zu werden.[70]
Den Brand Moskaus ausgenommen, blieb die Vernichtung der Städte im ersten der demokratisch-bonapartistischen Kriege des neuen Europa aber eine Drohung, die nicht ausgeführt wurde. Das Zeitalter des Klassizismus war von der Ewigkeit der musterhaften Bauten doch zu sehr durchdrungen, um den Gedanken der Zerstörung nicht nur fassen, sondern auch ausführen zu können. Am wenigsten wagte sich der größte Klassizist des Zeitalters Goethe an den Gedanken heran, wenn er auch in »Dichtung und Wahrheit« die Idee der Unterminierung der bürgerlichen Gesellschaft formulierte. Als sein gewöhnlicher und geliebter Kurort Karlsbad 1821 von einer Überschwemmung heimgesucht wurde, rettete er sich daheim aus dieser unerwünschten Nachkur mit der Auskunft, daß nicht sein könne, was nicht sein dürfe. »Ich bin zu sehr mit diesem Orte verwachsen, als daß ich mir ihn zerstört denken dürfte.«[71] In Rußland wußte man das Schicksal Moskaus später auch nur durch den rückwärts gewandten und nicht recht passenden Vergleich mit Troja zu fassen. So machte es Puschkin in seinen letzten Lebensjahren in einem Aufsatz »Die Reise von Moskau nach Petersburg« (1833–35), der erst nach seinem Tode veröffentlicht wurde.[72] In Paris hatte man am ehesten Anlaß, die Zerstörung Moskaus aus dem Bewußtsein zu verdrängen oder sie passend zu verarbeiten. Im Augenblick eigener Bedrohung fand Victor Hugo später die sichernde und heilende Ideologie: Moskau, dichtete er 1872, das war Asien, eine schädliche, eine sklavische Stadt. Moskau, das war traurige Vergangenheit. Aber Paris ist Europa, Paris ist die Zukunft.[73]

---

69 Willibald Alexis: Erinnerungen. Berlin 1910. S. 57, 178. Vgl. Joseph Görres in: Rheinischer Merkur Nr. 7, 3. Februar 1814. S. 3.

70 Napoleon I.: Gespräche Bd. 3. S. 65f.

71 Johann Wolfgang Goethe an Zelter, 28. September 1821.

72 Alexander Sergejewitsch Puschkin: Die Reise von Moskau nach Petersburg (1833–35). 1841. In: Puschkin: Aufsätze und Tagebücher. Hrsg. von Harald Raab. Berlin, Weimar 1965. S. 482. (Puschkin: Werke. Bd. 5.)

73 Victor Hugo: L'Année Terrible, 1872. Paris 1888. S. 261.

Solche pure Propaganda vermochte die dunklen Prophezeiungen des 19. Jahrhunderts aber kaum zu übertönen. 1816 schrieb der englische Dichter Lord Byron (1788–1824) das Gedicht »Darkness«. Er hielt sich währenddessen auf der Reise von England nach Italien in Diodati bei Genf auf. In seiner dichterischen Vision verarbeitete Byron vielleicht Eindrücke, die beim Anblick der Ruinen am Rhein in ihm wachgerufen worden waren. Auch Erinnerungen an Napoleons Feldzug nach Rußland mochten darin nachwirken.

»Ich träumte, doch es war nicht nur ein Traum«,

begann Byron sein Gedicht »Düsternis« und schilderte darin die Verdunkelung und Vereisung der Erde, auf der die Menschen, vor Sucht nach Licht und Wärme, ihre Leidenschaften vergaßen:

»Sie hatten Biwaks. Die Paläste, Throne
gekrönter Könige mitsamt den Hütten
und allen Hausungen von dem, was wohnt,
verbrannten sie darin, verzehrten Städte
und standen fröstelnd um ihr Flammenheim.
Dann brannten sie sogar die Wälder ab...
Zuletzt war alles schwarz.«

Byron malte die Folgen aus: Hungersnot, Notschlachtung, wechselseitigen Mord und so fort:

... »Nicht etwas Liebe war,
Die Erde eines Geists, der Geist hieß Tod.«

Byron schloß sein Gedicht mit den Worten

... »Die Finsternis bedurfte
Nun keiner Hilfe mehr, sie war das All.«[74]

In Frankreich prophezeite Edgar Quinet (1803–1875) nach der Juli-Revolution von 1830 aus ihren Folgen in Deutschland nicht allein das Bismarckreich; er prophezeite auch, indem er zurückblickte und anscheinend falsches Zeugnis über die Deutschen sprach. Quinet schrieb nämlich, der deutsche Journalist Joseph Görres habe in den Befreiungskriegen gefordert: »Verbrennt Straßburg und laßt nichts stehen als den Münsterturm, um die Rache der deutschen Völker zu ver-

---

[74] George Gordon Noel Byron: Darkness, Diodati 1816. In: Byron: Poetical Works. London 1922. S. 189–191.

ewigen.«[75] Der Beleg für Quinets Anschuldigungen läßt sich nicht finden. Aber ein Menschenalter später fielen im Krieg 1870–71 im Kampf um die Festung Straßburg tatsächlich deutsche Bomben auf das Münster und die Bibliothek der Stadt und verheerten sie. Die Berichte darüber erregten viele Menschen in der zivilisierten Welt.
Auch der Schrecken des englischen Überfalls auf Kopenhagen ließ die Menschen im 19. Jahrhundert nicht wieder los. Er ging in ein neues Bild über, als sich in Rußland die panslawistische völkische Bewegung bildete und als diese statt der Hauptstadt Petersburg, die Peter der Große geschaffen hatte, die alte Hauptstadt Moskau wieder einsetzen wollte. Die Rückwendung zugunsten Moskaus löste Vorstellungen der Zerstörung aus. Das geschah vor allem unter den Balten, die nach Sprache und Kultur Deutsche, nach Politik und Karriere Petersburger Russen waren. 1835 urteilte der junge Dorpater Schriftsteller Victor Hehn (geb. 1813) über Petersburg, es sei eine kalte Pracht ohne Seele, eine künstliche Stadt und »vielleicht bald jenen Trümmern ähnlich, die in der Wüste von Palmyra und Baalbeck ragen... Wenn das russische Reich zerfällt, wird es ebenso schnell vergehen.«[76] Der Reiseschriftsteller Johann Georg Kohl (1808–1878) aus Bremen sagte 1841 eine Zerstörung Petersburgs durch die Engländer und die Rückkehr der Residenz nach Moskau voraus.[77] Beide Äußerungen waren Muster der Prophezeiung: wahr, aber halbwahr angewandt. Die Stadt, die alsbald in Flammen aufging und dem Gerücht nach, durch englische Brandstifter, war 1842 nicht Petersburg, sondern Hamburg, und die Hauptstadt, die samt Reich zugrundeging, war anderthalb Jahrhunderte später nicht das »Palmyra« und »Venedig« an der Newa, sondern das »Palmyra« und »Venedig« an der Spree, war das Berlin des Großdeutschen Reiches Adolf Hitlers.
»Das brennende Hamburg war ein schrecklicher, aber zugleich ein gewaltiger Anblick. Das Überwältigende, was die Sinne nicht bloß erfüllte, sondern sie zerriß, schien neue Organe im menschlichen *Abb. 27*

[75] Edgar Quinet: Allemagne et Italie. Paris 1857. S. 263.
[76] Victor Hehn an seinen Bruder Julius, 1835 nach Palmsonntag. In: Baltische Briefe aus zwei Jahrhunderten. Hrsg. von Alexander Eggers. Berlin o.J. S. 129.
[77] J(ohann) G(eorg) Kohl: Petersburg in Bildern und Skizzen. 2. Aufl. Dresden, Leipzig 1845. Th. 1. S. 19.

Abb. 27 Hamburg 1842: Der alte Jungfernstieg in Flammen

Geist zu erschließen, er fühlte sich über den Moment, über seine Drangsale und sein gemeines Leid hinausgehoben und überschaute die Gegenwart, wie von der Höhe der Geschichte herab. Mir wenigstens war es«, so fuhr Friedrich Hebbel ein halbes Jahr später in Kopenhagen, nach der Erinnerung an den Hamburger Brand vom Mai 1842 fort und schrieb es abermals fast vier Jahre später im Juni 1846 in sein Tagebuch[78], »mir wenigstens war es, als ob ich nichts Gegenwärtiges sähe. Aber die ungeheuersten Bilder der Vergangenheit stehen vor meinem Blick. Ich sah Karthago mit dem zerschmelzenden Moloch, ich sah Persepolis und die tanzende Thais, ich sah Moskau und den Imperator, wie er unwillig und finster den

[78] Friedrich Hebbel: Tagebuch Bd. 3. S. 76f. Nr. 3595, 6. Juni 1846. Vgl. Bd. 2. S. 178. Nr. 2548, 13. Mai 1842. Der »mächtige Keil«, den der Hamburger Brand »in die hölzerne Stadt brannte«, war nach dreißig Jahren als Grenze von Holz- und Steinbauweise erkennbar. A(dolf) v. Winterfeld: Ein bedeutender Mensch. Jena 1878. Bd. 2. S. 161. Abbildung der Brandstätte: Zeitgenössische Photographie, Staatsarchiv Hamburg.

Kremlin verließ. Ja sogar in den Momenten, wo ich selbst mit Hand anlegte, war mir zumuthe wie bei einer Tätigkeit im Traum.« Aber mit dem Verlöschen der Brände endete der Traum über der Asche: »Nun ward auch mir Alles zur Gegenwart und anfangs zur Gegenwart ohne Zukunft. Das stolze Element, das nichts verzehren kann, ohne es zugleich zu verklären, hatte sich zurückgezogen, und bei dem nüchternen Tageslicht besah man sich mit Schauder und Entsetzen den Leichnam einer Stadt.«

Zwischen dem 5. und 8. Mai 1842 wurden in Hamburg das Rathaus, drei Kirchen, 1700 bis 1800 feste Häuser, insgesamt aber über 4200 Gebäude eingeäschert. 20000 Menschen waren obdachlos geworden, mehr als 100 umgekommen. Aber die Stadt hatte 120000 Einwohner. Zu vier Fünfteln blieb sie erhalten. Was bedeutete die Katastrophe gegen mittelalterliche Feuersbrünste und Pestepidemien? Padua hatte im Jahr 1174 durch Feuer von 3200 Häusern 2614 verloren.[79] Doch solche Vergleiche zählen nicht, sie sind anachronistisch. Die bürgerliche Welt, seit einem Jahrzehnt optimistisch auf Wohlfahrt, Bereicherung und Verbürgerlichung eingeschworen und in die Phraseologie des patentesten Liberalismus eingelullt, wurde durch die Hamburger Katastrophe erschüttert. Dem Brand folgten mehrere Krisenjahre, *Abb. 28* die 1848 in der Revolution gipfelten. Aber das Ereignis trat im öffentlichen Bewußtsein doch bald wieder zurück. Ein deutscher Journalist tadelte 1863, die deutschen Schulkinder wüßten genau, wie Sodom und wie Jerusalem zugrunde gegangen seien, aber vom großen Hamburger Brand wüßten sie nichts.[80] Später wurde der Hamburger Brand ein literarisches Thema: 1922 schrieb Paul Schurek (1890 bis 1962) die Erzählung »Der Hamburger Brand«. Bei Ausbruch des Zweiten Weltkrieges veröffentlichte Edgar Maass darüber den Roman »Das große Feuer« (Berlin 1939).

Seit dem Hamburger Brand von 1842 häuften sich übrigens in Deutschland – meist populäre – Abbildungen, die die Vernichtung einzelner bemerkenswerter Bauten durch Feuer darstellten, so den

---

[79] Karl Julius Beloch: Bevölkerungsgeschichte Italiens. Berlin 1961. Bd. 3. S. 65. Wie Hamburg 1842 verbrannte 1854 Memel. Heinrich Schliemann: Ilios. Stadt und Land der Trojaner. Leipzig 1881. S. 16.

[80] Erich Eyck: Der Vereinstag deutscher Arbeitervereine 1863–1868. Berlin, Phil. Diss. 1904. S. 27.

Brand des Berliner Opernhauses 1843, so die Brandschatzungen im Revolutionsjahr 1848, so den Brand des Krollschen Etablissements vor dem Brandenburger Tor in Berlin 1851.[81]

Im gleichen Jahr 1842, in dem Hamburg brannte, rief der revolutionäre Schneidergeselle Wilhelm Weitling aus Magdeburg im Schweizer Exil die Losung des Guerillakrieges aus. Er gab so »das Signal zur neuen Taktik«, »der unsere Feinde nun und nimmermehr gewachsen sein werden«; und er wandte sich damit an die »in unsern großen Städten wimmelnden und in das grenzenloseste Elend hinabgestürzten der Verzweiflung Preis gegebenen Massen.« Weitling wünschte, daß diese Massen die Moral des Bürgerkrieges wirksam gelehrt erhielten. Die puren Ausschreitungen aber, zu denen sich 1844 in Schlesien die gepeinigten Weber infolge des Niedergangs der Hausindustrie und ihrer Produkte gegen die modern gesinnten Unternehmer in verschiedenen Weberstädten hinreißen ließen, waren augenblickliche offene Revolten, in denen sich Verzweiflung und zuversichtlicher Trotz zu einer seltsamen Mischung verbanden und so Luft machten.[82] Zur gleichen Zeit traf, ebenfalls in der Schweiz, der Volksschriftsteller Jeremias Gotthelf (1797–1854) in seiner »Armennot« (1840, 2. Aufl. 1851) einen entsprechenden negativen Befund: »Horcht nach Frankreich hin, wie es dort wimmelt von Armen, wie sie in ungeheurer Zahl vornehmlich in den großen Städten liegen, hauptsächlich in Paris, der großen Kloake Frankreichs, wohin der Unrat des Landes abfließt.«[83]

---

[81] Gerhard Kutzsch: Über das Berliner Landesarchiv mit dokumentarischen Kostproben aus den Archivbeständen. Berlin 1974. (Berliner Forum 4/74.) S. 46; Radierung des brennenden Opernhauses in Berlin 1843, Berlin, Berlin-Museum; Lithographie des Brandes des Krollschen Etablissements vor Berlin 1851, Berlin, Berlin-Museum. Brandschatzungen von 1848: Aquarell von Franz Gerasch, 1848. Wien, Heeresgeschichtliches Museum. Reproduktion in: Propyläen Weltgeschichte. Bd. 3. 1976. S. 86; Wilhelm Blos: Die Deutsche Revolution. Geschichte der Deutschen Bewegung von 1848 und 1849. Stuttgart 1893. S. 115.

[82] (Johann Caspar Bluntschli:) Die Kommunisten in der Schweiz nach den bei Weitling vorgefundenen Papieren. Zürich 1843. S. 95. Über den Sturm auf die Häuser von Leinwandhändlern in Schlesien im Jahr 1844 vgl. Gerhart Hauptmann: De Waber. Berlin 1892. Akt 5. Bericht Hornig. S. 98f.

[83] Renée Charles Trautmann: Die Stadt in der deutschen Erzählkunst des 19. Jahrhunderts (1830–1880). Basel, Phil. Diss. 1956. S. 149, vgl. S. 117. Vgl. F(riedrich)

Abb. 28 A. Rethel, Auch ein Totentanz: Der Tod auf der Barrikade. Holzschnitt, 1849

Mitten in der vielleicht noch immer prächtigsten Stadt Europas, in Dresden, bereitete sich währenddessen ein neuer Ausbruch vor. In diesem Ausbruch, der rasch erstickt wurde, äußerte sich eine neue Ideologie der Stadtzerstörung. Wie ein Funken, der nicht ausgetreten wurde und sich durch Flug übertrug und fortsetzte, erhielt sich diese Ideologie am Leben, um schließlich einen Großbrand zu verursachen. An der Dresdener Revolution vom Mai 1849 beteiligte sich der Hofoperndirigent Richard Wagner, der Jahre zuvor als junger Komponist in Paris mit seinen Entwürfen und Vorlagen zurückgestoßen wurde. Diese Zurückweisung hatte ihn erst recht entfesselt und mit Haß gegen die Großstadt erfüllt. Die Dresdener Residenzstadtrevolution von 1849 schlug fehl. Aber was in der Tat mißlang, übersetzte der Flüchtling Wagner in Paris in größere Dimensionen. Anfang 1850 stellte Wagner in Paris fest, er habe seinen »Plan, nicht für das gegenwärtige, sondern für das zukünftige Paris hier tätig sein zu wollen«, sogleich aufgeben müssen.[84] Der Egoismus, der ihm in Paris begegnete, erschien ihm wie ein »Pestgeruch des modernen Babel«.[85] Noch im gleichen Jahr schrieb Wagner, der sich von Paris ins stille Zürich begab, an seinen Freund Uhlig in Dresden: »Wie wird es uns aber erscheinen, wenn das ungeheure Paris in Schutt gebrannt ist, wenn der Brand von Stadt zu Stadt hinzieht, wenn sie endlich in wilder Begeisterung diese unausmistbaren Augiasställe anzünden, um gesunde Luft zu gewinnen? – Mit völligster Besonnenheit und ohne allen Schwindel versichere ich Dir, daß ich an keine Revolution mehr glaube als an die, die mit dem Niederbrande von Paris beginnt.«[86] Aber nicht nur der Meister, den die Welthauptstadt verschmähte, auch die Dresdener Sturmgesellen mittleren Formats dachten so. Noch nach zehn Jahren Haft statt lebenslänglichem Zuchthaus, durch die der sächsische Schriftsteller Theodor Oelckers (1816–1869) seine Beteiligung an der Revolution büßte, hielt er 1860 seinerseits die Idee bei sich gefangen:

Sengle: Wunschbild Land und Schreckbild Stadt. Zu einem zentralen Thema der neueren deutschen Literatur. In: Studium Generale 16. 1963. S. 627.

[84] Richard Wagner an Uhlig, 24. Februar 1850.

[85] Carl Fr(iedrich) Glasenapp: Das Leben Richard Wagners. 5. Aufl. Leipzig 1910. Bd. 2. S. 401.

[86] Richard Wagner an Uhlig, 22. Oktober 1850.

»Weh eurer Riesenstadt! die ist vergleichlich
Der von Entzündung heimgesuchten Stelle,
Wohin das Blut nun strömet überreichlich.
Doch fürcht ich, daß sich bald der Brand dazu geselle.«[87]

Auf der entgegengesetzten politischen Seite vertrat der konservative preußische Junker Bismarck gleichartige Auffassungen, mit denen er zur gleichen Zeit ebenso gut am Tisch der Jakobiner, seiner feindlichen politischen Brüder, hätte sitzen können. In einer Rede vor der Zweiten Kammer des Preußischen Landtags sagte Bismarck in einer Anspielung auf die Berliner Unruhen von 1848–49 zu Anfang seiner politischen Laufbahn am 20. März 1852: »daß auch ich allerdings der Bevölkerung der großen Städte mißtraue, solange sie sich von ehrgeizigen und lügenhaften Demagogen leiten läßt, daß ich aber dort das wahre preußische Volk nicht finde. Letzteres wird vielmehr, wenn die großen Städte sich wieder einmal erheben sollten, sie zum Gehorsam zu bringen wissen, und sollte es sie vom Erdboden vertilgen.«[88] Draußen tönte es bald vereinfacht, Bismarck habe gesagt: »Die großen Städte müssen vom Erdboden vertilgt werden.«[89] Bismarck selbst aber schlug, den Warnungen seines Gönners Leopold von Gerlach zum Trotz, 1855 den Weg zum Babylon an der Seine ein, um in der Weltstadt Paris das Terrain der weltpolitischen Lage und seiner eigenen Aussichten, im Spiel der Weltpolitik mitzuspielen, zuverlässig zu sondieren.[90]

---

[87] Theodor Oelckers: Meine Mitgefangenen. Leipzig 1860. Nr. 82. S. 136. Über den Verfasser vgl. Allgemeine Deutsche Biographie 24. 1887. S. 238. Über die Verteidigung der Brandstiftung in St. Petersburg durch Michail Bakunin in London im Jahr 1862 vgl. Michael Bakunin und der Radikalismus. In: Deutsche Rundschau 12. 1877. S. 222.

[88] Preußischer Landtag, Zweite Kammer, 20. März 1852. Otto von Bismarck: Die gesammelten Werke. 3. Aufl. Berlin 1928. Bd. 10. S. 132.

[89] Alfred Hermann Fried: Lexikon deutscher Citate. Leipzig 1888. Nr. 584. S. 68.

[90] Otto von Bismarck an Leopold von Gerlach, 15. September 1855. Bismarck: Die gesammelten Werke. Berlin 1933. Bd. 14, 1. S. 415. Die Gleichsetzung von Paris mit Babylon, die in Deutschland vielleicht durch Friedrich Nicolai: Leben und Meinungen des Herrn Magisters Sebaldus Nothanker, 1773, 4. Aufl. 1799. Buch 1. Abschnitt 2 zuerst bekannt wurde, war durchweg üblich. Vgl. für 1858–59 Friedrich von Bodelschwingh: Ausgewählte Schriften. Bethel 1955. S. 7. Eugène Pelletan: La Nouvelle Babylone, lettres d'un provincial en tournée à Paris. Paris 1862, 4. éd. 1865. Carl Treumann (geb. 1823): Pariser Leben. Berlin 1869. S. 5.

4. Die Epoche seit der Durchsetzung der bürgerlichen Industrie- und Verkehrswirtschaft

In der gleichen Zeit begann man in den europäischen Großstädten Bauplanungen und Sanierungen im großen Stil zu verwirklichen. Die Maßnahmen veränderten die Städte tiefgreifend und vereinheitlichten sie in der Erweiterung. Der Präfekt des Seine-Departements Baron Georges Eugène Haußmann (1809–1891) führte in der Altstadt von Paris zwischen 1852 und 1870 große Straßendurchbrüche durch und legte neue Pracht- und Ringstraßen an. Ein vornehmes altes Quartier, das Marais, geriet dabei aber vollends in den toten Winkel und überdauerte als verelendetes Viertel weitgehend unverändert die Sanierungsepoche. Man ahmte die Haußmannisation in Frankreich in Lyon, in Marseille und in LeHavre, im Ausland in Neapel und in London nach. Dadurch riegelte man die Städte auf und öffnete sie im Zuge ihrer Ausdehnung dem Verkehr. Die Abgeschlossenheit zahlreicher einzelner Stadtviertel wurde beseitigt, sie wurden in ein größeres Ganzes einbezogen und funktionalisiert. Das war ein tiefer Einschnitt. Bisher hatten die Menschen die Stadt als eine sie überdauernde Umgebung erlebt. Nun begannen sie selbst sich bewußt zu werden, daß sie ihre Umgebung überdauerten. Über London schrieb der französische Journalist Emile Girardin 1852, das alte London strebe danach, Jahr für Jahr einem gänzlich neuen Platz zu machen.[91] Über Paris sprach Charles Baudelaire 1857 in dem Gedicht »Der Schwan« der »Pariser Bilder« aus: »Das alte Paris ist nicht mehr. Die Form einer Stadt wandelt sich schneller als das Herz eines Menschen.«[92]
Hatte einst die Revolution von 1789 die Standfestigkeit und Bestän-

---

[91] Émile de Girardin: De la Transformation de Paris, 1852. In: Girardin: Questions de mon temps 1836 à 1856. Paris 1858. T. 12. S. 388.

[92] Charles Baudelaire (1821–1867): Les Fleurs du Mal, 1857. Tableaux Parisiens. CXIII. Le Cygne.
Im Jahr 1937 charakterisierte der deutsche Emigrant Siegfried Kracauer: Pariser Leben. Jacques Offenbach und seine Zeit. Eine Gesellschaftsbiographie. München 1962. S. 294 Haußmanns Leistung mit dem Aphorismus, daß er Paris »dadurch vor der Zerstörung bewahrte, daß er es teilweise zerstörte«.

digkeit der staatlichen und gesellschaftlichen Organisation erschüttert und in Frage gestellt, so daß die Veränderungsfähigkeit des Staates seitdem ein Bestandteil der Existenz und des Bestandes des Staates wurde, so erschütterte nun die Haußmannisation als Zweites die Standfestigkeit und Beständigkeit der Stadt. Sie zeigte, daß die städtischen Baukörper nicht allein eine organische und planmäßige Entwicklung hatten, wie es vorher der Fall war oder zu sein schien, sondern daß sie sich auch der Operation und Manipulation unterwerfen ließen. Sicherlich hatte auch das Mittelalter Planung und Sanierung gekannt und angewandt. Aber das war inzwischen verwischt und vergessen worden. So erlebte Europa zur Zeit seiner ersten kapitalistischen Hochkonjunktur, die durch das Zusammentreffen einer Kriegs- und Friedenskonjunktur entstand, etwas »Neues«: Die Großstadt wurde machbar. Aus einem Gefäß und Rahmen, der eine Folge verschiedener Einzelbilder zusammenhielt, wurde sie zu einem Energiezentrum und Verkehrsknotenpunkt, aus einer Koexistenz von Lebewesen ein Lebensraum. Die Häutungen der Stadt wurden nun programmiert und gesteuert, sie traten nicht autonom ein, sondern durch übergreifende staatliche Lenkung.
In Deutschland waren die Städte in der zweiten Hälfte des 19. Jahrhunderts nicht so groß wie in West- und Südeuropa. Daher kam es hier weniger zu Haußmannisationen als zu Niederlegungen der Mauern und Festungswerke und zu Verbindungen zwischen Städten und Vorstädten. Auch diese waren ein Zeichen, daß die Stadt ihre Autonomie und ihre unmittelbare Wehrhaftigkeit verlor. Solange Mauern und Wälle bestanden, war die innere Stadt in einen Behälter eingeschlossen und eingezwängt. Sie lag innerhalb eines Bannkreises. Als dieser fiel, veränderte sich ihr Charakter. Denn die Planung und Linienführung ohne allseitige Begrenzung machte die Stadt zu einem Liniennetz und Strahlenkreuz der Verkehrswege. Damit trat auch eine Vereinheitlichung ein. Dagegen richtete sich mancher Widerwille in Äußerungen der zeitgenössischen Schriftsteller. Als der Berliner Schriftsteller Varnhagen von Ense Hamburg, wo er zur Zeit der Befreiungskriege einige Zeit gelebt hatte, im Jahr 1850 als Fünfundsechzigjähriger wiedersah und als er nun die seit dem Großen Brand von 1842 entstandenen Neubauten erblickte, gab er wohl zu, daß Hamburg an Schönheit, an Pracht und an zweckmäßigen gedeih-

lichen Einrichtungen gewonnen habe. Aber er fühlte sich in den neuen breiten Straßen nicht heimisch. »Ich freute mich der alten krummen und engen, die vom Feuer verschont geblieben und noch der Ausdruck der alten Zeit sind«, bekannte er.[93] Was in diesem Fall eingestandene persönliche Haltung war, wurde wenig später in anderen Zeugnissen zum Prinzip gesteigert. In Wien bemerkte Hebbel 1862: »Städte müssen Launen und Grillen haben wie Menschen, d. h. krumme Gassen, dunkle Häuser usw. Ich sehe es ungern, daß man Wien reguliert.«[94] Nicht viel anders urteilte in Augsburg der Schriftsteller Wilhelm Heinrich Riehl (1823–1897). Er schrieb 1853: »Bei den ins Ungeheuerliche und Formlose ausgereckten Großstädten hört der besondere Charakter der Stadt als eines originellen, gleichsam persönlichen Einzelwesens auf. Jede Großstadt will eine Weltstadt werden, d. h. uniform allen anderen Großstädten, selbst das unterscheidende Gepränge der Nationalität abstreifend. In den Großstädten wohnt das ausgleichende Weltbürgertum. Hier verschwinden die natürlichen Unterschiede der Gesellschaftsgruppen.«[95] Damit nahm die moderne Selbstvernichtung der Stadt im alten Sinn in ihrer ersten Gründerzeit nach dem Krimkrieg ihren Anfang. Durch die Anwendung historischer Baustile im Ausbau neuer herrschaftlicher Stadtviertel verlor und vergaß sich die Vernichtung aber über der Prosperität der folgenden Baukonjunkturen.

Während der Nachwehen der revolutionären Depression und während der ersten Gründerzeit arbeitete Richard Wagner, zu dem wir nun noch einmal zurückkehren, in seinem Schweizer Exil sein Werk »Der Ring des Nibelungen« aus. Er wandte sich darin nach Thomas Manns Worten in einem Weltbild »prunkvoller Götterherrschaft und haßerfüllter Nibelungenmacht« gegen die bürgerliche Kultur und Bildung des modernen Europa. 1852 vollendete Wagner die

---

[93] (Karl August) Varnhagen von Ense: Briefe an eine Freundin (Amely Bölte). Aus den Jahren 1844 bis 1853. Hamburg 1860. 8. Juli 1850. S. 226.

[94] Friedrich Hebbel: Tagebuch Bd. 4. S. 224. Nr. 5969. Oktober 1862. Vgl. Charles Baudelaire: Die Blumen des Bösen. Umdichtungen von Stefan George. 6. Aufl. Berlin 1922. S. 130: CXV Die kleinen Alten. In alten städten in winkliger viertel nähe Wo alles, sogar das entsetzen, in zauber sich kehrt, Gehorch ich meinen verderblichen launen ...

 [95] Wilhelm Heinrich Riehl: Land und Leute, 1853. 9. Aufl. Stuttgart 1894. S. 105.

Textfassung. Der letzte Teil der Trilogie, die »Götterdämmerung« endete im dritten Aufzug damit, daß Brünhilde mit dem Pferd in Siegfrieds flammenden Scheiterhaufen sprengte. Die ganze Szene wurde danach zur »Brandstätte«. Die Nibelungen blieben zurück in den »Trümmern der zusammengestürzten Halle«. Der Ring, Symbol des goldenen Hortes und seines Fluchs, kehrte zu den Rheintöchtern zurück. Auch der Saal Walhalls wurde von der Zerstörung erreicht. »Helle Flammen schienen in dem Saale der Götter aufzuschlagen.« Damit endete die Trilogie Wagners. Zwanzig Jahre später vollendete er die Komposition dieses Mythos vom Untergang während des Deutsch-Französischen Krieges und der Beschießung der Weltstadt Paris durch die deutsche Artillerie. Gleichzeitig erklärte er die deutschen Großstädte für einen Krebsschaden und meinte, »daß dieselben aufhören müßten, denn dieselben brächten Pöbel hervor und Pöbel sei undeutsch«.[96]

Im Krimkrieg im Osten Europas wiederholte sich bei der Erstürmung von Sewastopol in Sewastopol das Schicksal Moskaus im Krieg Napoleons I. unter Mitwirkung Napoleons III., so daß man beide Zerstörungen als Auswirkungen des modernen Imperialismus französischer Prägung betrachten kann. Aber dieses Ereignis blieb Mitteleuropa zu fern, um die Gesellschaft hier zu schockieren; und es hatte zu wenig Bezug zu den Problemen und Stimmungen der mitteleuropäischen Gesellschaft, um als Signal verstanden zu werden. So konnte 1857 im badischen Süddeutschland der christliche Volksschriftsteller Alban Stolz in der fünfzehnten Ausgabe seines »Kalenders für Zeit und Ewigkeit« dem schlichten Leser die Katastrophe im Osten mit der Bemerkung verkleinern, menschliche und seelische Katastrophen seien schlimmer und unheilbarer. Man betrachte, gab Stolz zu bedenken, nur den Liebesnarr und den Unzuchtteufel, der in friedlichen Dörfern und Städtchen der Heimat sein Wesen trieb: »Er steckt mehr Herzen in Brand in einer Stunde des Tages, als Dachziegel im alten Moskau und Sebastopol gewesen, und äschert jährlich das Lebensglück von mehr Menschen ein, als der Kriegsteufel

---

[96] Richard Wagner: Götterdämmerung. In: Wagner: Der Ring des Nibelungen, 1853. Dritter Aufzug; Cosima Wagner: Die Tagebücher. Ed. von Martin Gregor-Dellin und Dietrich Mack. München, Zürich 1976. Bd. 1. S. 355, 12. Februar 1871.

in hundert Kriegsjahren Volk umzubringen vermöchte. Und so ein Herzensbrand brennt fort in der Erinnerung, bis das Herz selbst aufhört zu schlagen; und ein eingeäschertes Lebensglück wiederherzustellen, dafür gibt es keinen irdischen Baumeister.« Moskau aber war wieder aufgebaut worden, und Sewastopol wurde ebenfalls wieder aufgebaut.[97] Ähnlich wie der streng katholische kulturkritische Stolz in Süddeutschland argumentierte in Norddeutschland der streng protestantische kulturkritische Pfarrer Friedrich Mallet (1792–1865) in Bremen. Er formulierte einmal: »Die Welt ist ein brennendes Sodom, nur der Glaube in ihr ist unverbrennlich.« So wurde dem Menschenwerk – Architektur wie Literatur – grundsätzlich keine wesentliche Bedeutung gegönnt[98], wenigstens nicht durch literarische Propagandisten der Kirche, die sich hauptsächlich an die Landbevölkerung und an die »kleinen Leute« traditioneller Art in der Stadt wandten.

Während der italienischen Nationalkriege brannte auch Palermo bei der Eroberung der Stadt durch die Soldaten Garibaldis im Mai 1860 zur Hälfte ab. Das geschah aber im Zuge eines erfolgreichen »Befreiungskrieges« gegen eine unterlegene und mit entsprechend gerechtem Haß verfolgte fremde Dynastie. Daher fand das Ereignis keine publizistische Verbreitung in Europa und keine propagandistische Verwertung durch die volkstümliche Publizistik. Während man über die Katastrophe von Sewastopol und Palermo am Rande Europas Stillschweigen bewahrte und sich in der Verteilung von Lob und Tadel nicht zurecht fand, dichtete der junge französische Schriftsteller Auguste Barbier (1805–1882) 1831 über »Warschau« eine Folge von drei Gedichten mit den Titeln Der Krieg – Die Cholera – Der Tod und schilderte darin das verdoppelte Verderben der Stadt. Wie bereits 1794 wurde Warschau 1831 durch russische Truppen erstürmt und die polnische Unabhängigkeitsbewegung damit erstickt. Der militärischen Gewalttat folgte eine Choleraepidemie. Barbier schilderte das Verderben in drastischen Wendungen:

---

97 (Alban Stolz:) Kalender für Zeit und Ewigkeit. Jg. 15. 1857. S. 37.

98 C(ornelius) A. Wilkens: Friedrich Mallet ..., der Zeuge der Wahrheit. Bremen 1872. S. 76.

»Alles vergangen durch Feuer und Spitzen, . . .
alles verlassen, nichts zu stibitzen, *Abb. 29*
alles Ruine und Gras in den Ritzen.«

Die Verse Barbiers über Warschau blieben aktuell, nach seinem Tod druckte man sie in der Ausgabe seiner Gedichte nach.[99] 1870 meldete sich Barbier, jetzt ein Mitglied der Académie Française, im deutsch-französischen Krieg erneut zu Wort. Denn bei der Belagerung der Festung Straßburg beschädigten die deutschen Bombardements Kulturschätze und entfesselten eine Propaganda gegen die deutschen »Hunnen«. Diese Verse ließ man in Frankreich nach dem verlorenen Krieg anscheinend auf sich beruhen; sie wurden jedenfalls in Frankreich später nicht neu gedruckt, während die gegen Rußland gerichteten Gedichte Barbiers über die Zerstörung »Warschaus« diskussionswürdig blieben. In Vergessenheit geriet die Zerstörung der Straßburger Bibliothek im Jahr 1870 in Frankreich aber ebensowenig, wie die Beeinträchtigung der Kopenhagener Universitätsbibliothek durch das englische Bombardement im Jahr 1807 in Dänemark in Vergessenheit geriet.[100]

Das Thema der Stadtzerstörung beschäftigte im deutsch-französischen Krieg auch die deutsche Seite erheblich. Der Norddeutsche Emanuel Geibel (1815–1884), ein geschäftiger politischer Dichter, hatte bereits in seiner Frühzeit den Untergang Babylons aktualisiert. In seinem Gedicht »Mene Tekel« aus dem Jahr 1845 schilderte er zur Zeit der wirtschaftlichen und sozialen Krise vor der Revolution von 1848 die Festesfreude und den Tanz um das goldene Kalb im Kontrast zum Elend.

»Mir ist's, durchsichtig wird die Wand
Und draußen dicht und dichter,

---

99 Auguste Barbier: Poésies. Jambes et Poèmes. Paris 1898. Varsovie. I La Guerre II Le Choléra-Morbus III La Mort S. 40–45. Vgl. Henri Blaze de Bury: Auguste Barbier. Sa vie, son temps, ses œuvres. In: Revue des Deux Mondes 1882, 5. Livraison 15. Oktober. S. 721–757, besonders S. 733.

100 Auguste Barbier: Devant l'ennemi. Les Fils des Huns. Aux Allemands. In: Revue des Deux Mondes. Année 40. Vol. 89. 1870, 5. Livraison 1. Oktober. S. 559–561. Konrad Farner: Gustave Doré, der industrialisierte Romantiker. Dresden 1963. Bd. 2. S. 235.

Da drängen sich bei Fackelbrand
Vieltausend Hungergesichter,
Durch's Gewühl mit ries'gem Leib
Herschreitet kampfgeschürzt ein Weib
Mit blutroth flatternder Fahne.«

Am Ende seines Gedichts rief Geibel den Leuten von Babylon, die Balken und Säule nicht über sich krachen hörten, das Mene Tekel Upharsin zu. Er verstand darunter den Untergang von Mammonismus und Wohlleben durch die soziale Revolution. Bei Ausbruch des deutsch-französischen Krieges kam Geibel im Juli 1870 auf dieselbe Grundvorstellung zurück. Er gab ihr nun aber eine neue Richtung, einen neuen Inhalt und eine neue Stimmung. Unter der biblischen Überschrift »Ein Psalm wider Babel« drohte er den Übermütigen Verderben und stellte den Bußfertigen nach der Niederlage Barmherzigkeit in Aussicht, ohne die Pariser, die gemeint waren, ausdrücklich zu nennen. Dabei mochte er mit Verderb und Greuel nicht sparen:

»Es wird zertreten der Rächer
Die Stätten, da ihr sitzt,
Daß durch die krachenden Dächer
Hochauf die Lohe spritzt.«[101]

Auch Richard Wagner bekannte sich 1870 von Neuem zu seiner Hoffnung, »daß Paris, diese Femme entretenue der Welt verbrannt werde«.[102] Diese und ähnliche Bekundungen auf das »Babylon an der Seine« wurden alsbald aktuell.[103] Als das deutsche Heer Paris

---

[101] Emanuel Geibel: Heroldsrufe. Aeltere und neuere Zeitgedichte. 2. Aufl. Stuttgart 1871. S. 30–31, 183–185.

[102] Martin Gregor-Dellin: Richard Wagner oder die Liebe zum Abendland. Aus den Tagebüchern Cosimas. In: Frankfurter Allgemeine Zeitung, Nr. 149, 10. Juli 1976; Cosima Wagner: Die Tagebücher. Ed. von Martin Gregor-Dellin und Dietrich Mack. München, Zürich 1976. Bd. 1. S. 401, 17. Juni 1871.

[103] Die Deutung der Nachweise bei Jost Hermand: Von Mainz nach Weimar (1793–1919). Studien zur deutschen Literatur. Stuttgart 1969. S. 214 und bei Pierre-Paul Sagave: 1871 Berlin–Paris, Reichshauptstadt und Hauptstadt der Welt. Frankfurt/Main usw. 1971. S. 194 leidet darunter, daß sie nur als Kriegspropaganda verstehen, was seit einem Jahrhundert nicht nur in Deutschland, sondern auch in Frankreich Losung in Kriegs- und Friedenszeiten war. Der ausgiebige Gebrauch,

Abb. 29 Die Einnahme von Konstantinopel. Ausschnitt aus einem Gemälde von E. Delacroix, 1840. Paris, Louvre

erreichte und es einschloß, entbrannte zwischen den kosmopolitischen Humanisten am Preußischen Hof in Berlin und den christlich Entschlossenen im Heer vor Paris der Konflikt, wie bei der Belagerung zu verfahren sei. Man mahnte zur Schonung, zur Rücksicht auf die internationale Meinung und riet dazu, zu verhindern, daß sie von der feindlichen Propaganda gegen Preußen beeinflußt werden konnte. Diese Vorhaltungen ließen aber die Militärexperten und den politisch verantwortlichen Bismarck kalt. Ihn hatte bereits in seiner Jugend ein Besuch der Ruine des Heidelberger Schlosses »rachsüchtig und kriegslustig« gestimmt, und dieser Gesinnung wollte der Macht- und Realpolitiker nun treu bleiben.[104] In Bismarcks Hauptquartier in Versailles fielen blutrünstige Worte. Man sagte z. B., bei einem etwaigen Rückzug wäre es wohl das Beste, daß man die französischen Städte verbrenne. »Auch Paris müßte niedergebrannt werden.« Schließlich begannen die Streitkräfte Paris der Wirkung auf das Ausland zum Trotz zu beschießen. Als sich Rauchwolken zeigten, sagte Bismarck am 11. Januar 1871 in Versailles bei Tisch: »Das ist nicht genug. Erst wenn man es hier riecht. Den Brand von Hamburg hat man fünf Meilen weit gerochen.«[105] So fand die Katastrophe von 1842 nach einem Menschenalter im Krieg die Nutzanwendung. Am 28. Januar 1871 ergab sich Paris den Belagerern. In der Stadt erhob sich im März die bürgerlich-kommunistische Kommune und behauptete sich bis zum Mai gegen die französische Regierung.
Ein Jahr nach der Kapitulation veröffentlichte der Franzose Gustave Doré 1872 den Zyklus »London – eine Pilgerschaft«, in dem er die französische Erfahrung auf den stärkeren Nachbarn und Rivalen England übertrug, dem Frankreich in Freundschaft und Gegner-

---

den man 1870–71 in Deutschland von der Gleichsetzung von Paris mit Babylon machte, entwertete die Formel nicht. Vgl. z.B. Edmond et Jules Goncourt: Journal 1879–1890. Paris 1956. T. 3. S. 349, 23. Mai 1884.

[104] Otto von Bismarck: Gedanken und Erinnerungen. Stuttgart, Berlin 1898. Bd. 1. S. 2.

[105] Otto von Bismarck: Gespräche. Berlin 1926. Bd. 2. S. 459, 471, 24. Dezember 1870, 11. Januar 1871. (Bismarck: Die gesammelten Werke. Bd. 8.) Zahlreiche weitere Nachweise bei M(oritz) Busch: Tagebuchblätter. Leipzig 1899; aus der Zeit zwischen August und Oktober 1870. Bd. 1. S. 103, 106, 221, 254, 281, 292, 307 usw.

schaft am engsten verbunden war. Im letzten Bild seines Werkes prophezeite Doré London nämlich nach Jahrtausenden dasselbe Schicksal, das Paris gerade gedroht und zum Teil getroffen hatte. Er bot das Bild einer imposanten Ruinenlandschaft mit ragenden Repräsentativbauten, die dicht an dicht prangten. Mit dem Bild des wirklichen London hatten sie allerdings wenig oder nichts zu tun. Die Spitzen der Ruinen überragten die Trümmer eines Turmes, der eine Reproduktion des babylonischen Turms war oder ihr ähnelte. Doré stellte mit den Ruinen Londons nach Jahrtausenden etwa denselben Zustand dar, den Babylon der Übereinkunft nach vor Jahrtausenden dem Beschauer nach seiner Zerstörung darbot. Doré verdeutlichte damit eine Einheitlichkeit der bürgerlichen Vorstellung der prachtvollen Weltstadt über die Epochen hinweg, in der sich von der Vorzeit bis in die Zukunft eine Kontinuität herstellte und in der Babylon, Rom und London ähnlich oder fast identisch erscheinen.[106] Zwei Jahrzehnte nach dem Krieg beschäftigte sich Émile Zola, ein Gegner Dorés mit dem gleichen Vorwurf. Er zeichnete im Jahr 1892 in dem Roman »La Débacle« den preußischen Gardehauptmann Otto Günther als Repräsentanten der preußischen Kriegspartei im Krieg von 1870–71. Günther vertrat nach Zola den »kalten, harten Militärprotestantismus, der Bibelverse als Bekräftigung anführt«. Für Günther stellte sich das so dar: »Paris brannte zur Strafe für seinen jahrhundertelangen schlechten Lebenswandel, für seine lange angehäuften Verbrechen und Ausschweifungen. Abermals sollten die Germanen die Welt retten und den letzten Staub lateinischer Verderbnis auskehren.« Diese preußische Behauptung vor der Stadt stimmte überein mit der Ideologie des Aufstands der Pariser Kommune in der Stadt. Die Kommune wollte laut Zola »zerstören um der Zerstörung willen, die alte faulgewordene Menschheit unter der Asche der ganzen Welt begraben in der Hoffnung, es möchte eine neue glücklichere und reinere Gesellschaft daraus hervorgehen, das wahre irdische Paradies der Ursagen.« Der Kommunarde Maurice starb im Roman für seine »großartige, ungeheuerliche Auffassung von der Notwendigkeit der Zerstörung der alten Gesellschaft, vom Brande

---

[106] Vgl. Konrad Farner: Gustave Doré. Der industrialisierte Romantiker. Dresden 1963. Bd. 1. S. 259, Bd. 2. S. 227.

von Paris, vom Umpflügen und Reinigen des Bodens, damit aus ihm der Musterzustand eines neuen goldenen Zeitalters hervorsprießen könne.«[107]

Das hatte schon im Jahr 1842 in der Schweiz dem Deutschen Wilhelm Weitling in der Theorie, im Jahr 1849 in Dresden in der Praxis dem Russen Michail Bakunin, dem Hasser von Petersburg, und dem Leipziger Richard Wagner, dem Hasser von Paris, schemenhaft vorgeschwebt.[108] Bot später Wagner zur Zeit des Pariser Aufstandes das deutsche künstlerische Spiegelbild zur Kommune von 1871, so nach ihm Friedrich Nietzsche das Spiegelbild zu den sozialdemokratischen Erben des Aufstandes. Nietzsche zog als Krankenpfleger am Soldatenbett in den Deutsch-Französischen Krieg und begleitete als Krankenpfleger im Geiste vom stillen Nebenschauplatz Basel aus die Verwandlung Deutschlands in der lärmenden Gründerzeit. Er sprach in dem Essay »Schopenhauer als Erzieher« bald nach der Gründung des Deutschen Reiches in seinem Urteil über die Gründerzeit 1874 eine Prophezeiung aus, die sich später fast wörtlich bewahrheitete: »Ich gehe durch die neuen Straßen unserer Städte und denke, wie von allen diesen greulichen Häusern, welche das Geschlecht der öffentlich Meinenden sich erbaut hat, in einem Jahrhundert nichts mehr steht, und wie dann auch wohl die Meinungen dieser Häuserbauer umgefallen sind.«[109] Als Nietzsche selbst als künstlerischer Philosoph hervortrat, wiederholte er Wagners Verwünschung 1884 im dritten Teil des »Zarathustra« im Kapitel »Vom Vorübergehen«:
Abb. 30 Da blickt Zarathustra die große Stadt an und sagt: »Wehe dieser großen Stadt! – Und ich wollte, ich sähe schon die Feuersäule, in der sie verbrannt wird. Denn solche Feuersäulen müssen dem großen Mittag vorangehen. Doch dies hat seine Zeit und sein eigenes Schicksal.«[110]

Wagner und Nietzsche waren Sachsen. Das trifft in diesem Zusammenhang wohl nicht zufällig zusammen und hat wohl keine nebensächliche Bewandtnis. In ihrer Verdammung des Erfolgs der Gegen-

---

[107] Émile Zola: La Débacle, 1892. T. 3. No. 7.

[108] Vgl. die zeitgenössische bildliche Darstellung des Brandes von Troja in Friedrich Schiller: Gedichte. Berlin 1870. S. 98.

[109] Friedrich Nietzsche: Schopenhauer als Erzieher, 1873–76. 1.

[110] Friedrich Nietzsche: Also sprach Zarathustra. Th. 3. Vom Vorübergehen.

Abb. 30 Der Untergang von Babylon. Radierung von J. Martin, 1831

wart scheint der oppositionelle Geist mit- und nachzuschwingen, der im unterlegenen Sachsen gegen den siegreichen Nebenbuhler Preußen fortschwelte. In Wagners und Nietzsches Vernichtungsphantasien sprach sich nachträglich die künstlerische Rache für die Brandschatzung von Dresden durch Friedrich den Großen im Siebenjährigen Krieg aus, die Preußens Triumph über das rivalisierende Sachsen im Machtkampf um die mitteleuropäische Vorherrschaft sinnfällig besiegelt hatte.[111]

Die Reihe der Oppositionellen reichte aber weiter. Nach dem Siege Preußens über Österreich und Frankreich im Kampf um die Hegemonie über Mitteleuropa, die 1871 in Versailles durch die Gründung des Deutschen Reichs unter Führung des preußischen Herrscherhauses besiegelt wurde, fühlte Ludwig II. von Bayern (1845–1886) das Haus der Wittelsbacher und ihr Königreich so verdunkelt, daß er sich durch eine geschäftige Bewunderung Ludwigs XIV. und seines Hofes in Versailles schadlos zu halten versuchte. Gegen den Sproß der glücklicheren Dynastie, den preußischen Thronfolger Friedrich faßte er einen »furchtbaren tödlichen abgrundtiefen Haß«, denn von ihm, dem Liberalen, fürchtete Ludwig eine weitere Einengung der Souveränität des Königs von Bayern. Das Gefühl der historischen Zurücksetzung und Kränkung äußerte sich bei Ludwig II. bald auch in Menschenscheu und in Vernichtungsphantasien. Er verweilte so selten wie möglich in seiner Residenzstadt München und begünstigte die sagenhafte Untergangsbühnenkunst Wagners ohne Maß, bis das preußische Herrscherhaus auch hierin mit ihm rivalisierte. Vor seinem Kabinettssekretär Ziegler erging sich Ludwig II. »in Ausdrücken des tiefsten Hasses gegen München«. Er sprach oft aus, »wie schön es wäre, wenn man das verfluchte Nest an allen Ecken anzünden könnte.«[112] Später wurde der Österreicher Adolf Hitler, der 1913 von Wien nach München übersiedelte, nach dem Ersten

---

[111] Vgl. hierzu Josef Nadler: Meißnische Geistigkeit, die Seelenlage des sächsischen Volkes. In: Die literarische Welt. N.F. 10. 1934. Zitiert bei Heinz Stolte: Der Volksschriftsteller Karl May. Beitrag zur literarischen Volkskunde. Radebeul bei Dresden 1936. S. 18.

[112] Ludwig II. von Bayern in Augenzeugenberichten. Hrsg. und eingel. von Rupert Hacker. 2. Aufl. Düsseldorf 1966. S. 206f., 215, 281. Bismarck hat in Ludwig II. das Opfer seiner Gründungspolitik erkannt und nach Kräften geschont.

Weltkrieg in Bayern zum Träger der Vernichtungsphantasien. Er blieb es allerdings nicht allein »künstlerisch« als oppositioneller politischer Schriftsteller. In einer einzigartigen Umkehrung wurde Hitler als Reichskanzler auch ein oppositioneller Vollstrecker mit den Mitteln des politischen Siegers, die ihm mit der »Nationalen Revolution« von 1933 zufielen.

Nur gelegentlich wurden derartige Töne sonst laut. 1867 erinnerte man sich im Streit um die Vollendung der Zolleinheit Deutschlands entsprechend zur Reichseinigung an die innerdeutsche Polemik gegen die Hansestädte, als sie aus Handelsinteressen nach den Befreiungskriegen angeblich »englische Faktoreien« gegen die nationale Industrie waren, um sie wie »Sodom und Gomorrha« nun vor der Abkapselung vom Zollverein zu warnen.[113] Emile Zola schilderte 1894 in der Romantrilogie »Die drei Städte« im Roman »Lourdes« die Stadt Lourdes, die von Ursprung Bethlehem war, als eine Ausgeburt von Schacher, Prostitution, Ausbeutung und von heimlicher Sünde im Schatten des Heiligen, kurzum als Sodom.[114] Der Pole Henryk Sienkiewicz brachte dem gebildeten lesenden Mittelstand Europas 1896 in seinem Erfolgsroman »Quo vadis« den Brand Roms zur Zeit Neros im Zusammenhang mit der davon verursachten Christenverfolgung nahe. Er kombinierte darin die hauptsächlichen Elemente der allgemeinen Bildung in einer Geschichte, die Christentum und Antike betraf. Währenddessen waren in Amerika findige Unternehmer beschäftigt, auf dem Papier Idealstädte wie Neu-Babylon zu entwerfen und damit Auswanderer nach Übersee zu locken, die dort dann nicht vorfanden, was ihnen vorgespiegelt worden war.[115] Diese Unternehmer suchten ihr Publikum in der breiten Masse der kirchlich gebildeten europäischen Landbevölkerung.

Im Bewußtsein der modernen Massengesellschaft in den Städten, die vom Streben beherrscht wurde, verblaßte gleichzeitig die Schärfe der Empfindung von Unheil und Sünde und ihres Zusammenhangs mit-

---

[113] A(ugust) Lammers: Die Stellung der Hansestädte zum Zollverein. In: Preußische Jahrbücher 19. 1867. S. 654.

[114] Émile Zola: Les Trois Villes. T. 1. Lourdes. Paris 1894. S. 513.

[115] Rudolf Cronau: Das Buch der Reklame. Geschichte, Wesen und Praxis der Reklame. Ulm 1887. Abt. 5. S. 46.

einander. Katastrophen warfen die Menschen nicht mehr zurück; sie spornten sie eher an. Eine Tradition christlicher Auslegung und Ergebung geriet zwar nicht in Verruf, trat aber zurück hinter einem technisch-liberalen Optimismus, der das entscheidende letzte Wort verlangte. Als eine Reihe von Erdbeben 1906 sowohl die Umgebung des Vesuvs wie San Francisco heimsuchte und als sich in San Francisco die Folge der Erscheinungen des Unheils von Lissabon – Erderschütterung, Sturmflut, Brand und Plünderung durch Banden – wiederholte, gingen die Beobachter nicht wie einst zerknirscht und erschüttert in sich, sondern sie sahen viel stärker auf die Überwindung des Unheils als auf das Unheil selbst. Sie machten also den Triumph über die Katastrophe zur ausschlaggebenden Kehrseite der Katastrophe. Ein deutscher Naturforscher erklärte 1906, einerseits sei zwar die Ohnmacht und Schwäche des Menschen gegenüber den Naturgewalten dargetan, andererseits seien aber auch dadurch die großartigsten Leistungen von Humanität und Energie hervorgebracht worden.[116] Ein politischer Leitartikel der Wochenzeitung »Die Nation« mit orthodox liberaler Tendenz reagierte auf die Heimsuchung von San Francisco noch selbstbewußter: »Die Tatkraft der Amerikaner zeigt sich nie glänzender als bei solchen elementaren Ereignissen. Was zusammengestürzt und verbrannt ist, wird in wenigen Jahren prächtiger als zuvor wieder aufgebaut sein. Die Sympathie mit den Leidtragenden mischt sich mit der Bewunderung für die Energie, mit der solche verheerenden Wirkungen bekämpft werden.«[117] Humanität und Technik, die Tatkraft des Menschengeistes und die Präzision der menschlichen Instrumente, die eine entwickelte Gesellschaft bereit hatte, schienen sich wechselseitig zu verbürgen, um den beklemmenden Widerschein zu bannen, den auf der Gegenseite die Erinnerung an die antiken Unheilsstädte angesichts der Zerstörung von San Francisco darbot.

---

116 S. Günther: Erdkatastrophen. In: Die Nation 23. 1906. Nr. 30. S. 467.
117 Politische Wochenübersicht. In: Die Nation 23. 1906. Nr. 29. S. 449.

5. Die Epoche der städtischen Massengesellschaft und der Weltkriege

Der liberale bürgerliche Optimismus wurde im zweiten Jahrzehnt
Abb. 31 des 20. Jahrhunderts nachhaltig erschüttert, wenn auch nicht zermürbt. Die Zerstörungen des Ersten Weltkrieges richteten sich gegen Stadt und Land. Sie trafen vor allem in Frankreich Wälder und Felder nicht weniger als Städte und Dörfer. Die Kriegstechnik des Grabenkriegs, die bestimmte Zonen dem Dauerbeschuß der schweren Artillerie und so der fast vollständigen Verwüstung preisgab, ließ sich zu Anfang des Krieges noch nicht voraussehen. Das Problem der Stadt, die als Festung diente, wurde durch den Bewegungskrieg 1914 aber sofort aktuell. Da die deutschen Truppen im Westen angriffen und vordrangen, fielen ihnen die Zerstörungen zur Last, die aus den Kriegshandlungen hervorgingen. Die deutsche Publizistik mußte sich mit der alliierten Propaganda gegen das deutsche Hunnentum auseinandersetzen. Ein Beispiel mag das dartun. Gleich nach Ausbruch des Krieges beschäftigte sich die führende deutsche Kulturzeitschrift »Die Neue Rundschau«, die im Verlag S. Fischer in Berlin erschien, mit dem Thema. Sie brachte eine Glosse über »Zerstörung historischer Kunststätten«, deren Verfasser der Kunstwissenschaftler und Direktor der Bremer Kunsthalle Emil Waldmann (1880–1945) war. Waldmann kam später am Ende des Zweiten Weltkriegs um, als er nach der Zerstörung der Kunststadt Würzburg 1945 im Main den Freitod suchte. 1914 setzte sich Waldmann damit auseinander, daß die deutschen Truppen nach der Eroberung von Löwen von belgischen Truppen angegriffen wurden und daß in diese Kämpfe Freischärler in Löwen eingriffen. Daraufhin steckten die deutschen Truppen in Löwen die Häuser in Brand, aus denen sie beschossen wurden. Das Feuer griff um sich und erfaßte die Kathedrale und die Universitätsbibliothek. Das Rathaus wurde durch Löscharbeiten der deutschen Truppen vor der Vernichtung gerettet. Hierzu meinte Waldmann danach in seinem Aufsatz: »Die Stadt Löwen mußte zerstört werden wegen ihres meuchelmörderischen Verhaltens.« Waldmann ging in seinem Aufsatz außerdem auf die Kämpfe um die belgische Stadt Mecheln ein. In Erinnerung an ein

ähnliches Ereignis beim Kampf um Dresden während des Siebenjährigen Krieges rechtfertigte er die Beschießung einer Kirche in Mecheln durch die deutschen Truppen mit der Feststellung: »In dem Augenblick, wo sie dort oben einen militärischen Beobachtungsposten einrichteten, hörte das Kunstwerk auf, Kunstwerk zu sein und wurde Festung, wurde Feind.« Wenn die bittere Notwendigkeit rede, müßten Menschenrechte und Gewissensfragen schweigen. Waldmann wandte sich dann der Frage zu, ob Paris wie im Deutsch-Französischen Krieg von 1870–71 erneut beschossen werde. Er rettete sich dabei in einen möglichen »Kompromiß«, sei es um sich selbst zu beschwichtigen, sei es um Einfluß auf die Entscheidungen der deutschen Militärs zu suchen, und schrieb: »Mag ein Teil der

Abb. 31 Apokalyptische Landschaft. Gemälde von L. Meidner, 1912/13

äußeren Stadt, die ohnehin häßlich und traditionslos ist, mit ihren gräßlichen Boulevards zugrundegehen. Wenn es nicht anders möglich ist oder wenn durch eine Beschießung Zeit und damit Menschenleben gewonnen wird, brauchen wir nicht zu klagen. Und selbst wenn im Interesse unserer Selbsterhaltung dieses wenige, um das wir sorgen, trotz aller Vorsicht nicht erreichbar sein sollte, selbst dann ...« Statt den Satz zu beenden, erklärte Waldmann anschließend an diesen Anakoluth, die Sicherung der Kunstschätze des Louvre, die derzeit stattfinde, sei nicht bloßes Resultat nervöser Angst, sondern besonnener Vorsicht der französischen Behörden. Ratlosigkeit, die in die Bekräftigung flüchtet, sprach aus diesen Worten des politisierenden deutschen Kunstgelehrten und Museumsdirektors.[118]

Wir gehen von dieser Zuspitzung noch einmal zurück auf die allgemeine Lage, die sich in der Epoche des Imperialismus vor dem Ersten Weltkrieg herausbildete und in dieser Kriegskatastrophe geballt entlud. Eine Veränderung der kulturgeschichtlichen Situation zeigte sich seit dem Ende des 19. Jahrhunderts in der Ausbildung der damaligen Massenmedien und in der Ausbreitung der Lesefertigkeit und Lesebereitschaft der Menschen in den großen Städten in Mitteleuropa. Während die Bevölkerung in den Dörfern und kleinen Ackerbürgerstädten nach wie vor unliterarisch blieb und der großstädtischen Lektüre fremd gegenüberstand, wandten sich die Menschen in den großen Städten im starken Maß von äußeren sinnlichen Eindrücken fort den durch literarische Medien vermittelten zu. Eine kulturpolitische Berliner Wochenzeitung erklärte 1889, mit der Ausbreitung der Literatur und Lesebereitschaft habe das Buch derzeit die Architektur abgelöst, die bisher Symbole und Signale, Moral und

---

[118] Emil Waldmann: Zerstörung historischer Kunststätten. In: Die Neue Rundschau 26, 2. 1914. S. 1467. Abbildung des an Löwen vollzogenen »Strafvollzugs« Trowitzsch's Reichs-Kalender 1915. S. 17–19, des zerstörten Mecheln Illustriertes Jahrbuch Kalender für das Jahr 1915. S. 308.
Ausführlich und leidenschaftlich erörterte auch der später nach Frankreich emigrierte Berliner Arzt und Dichter Alfred Döblin: Reims. In: Die Neue Rundschau 1914. Bd. 2. S. 1717–1722 bzw. in: Döblin: Schriften zur Politik und Gesellschaft. Olten usw. 1972. S. 17–25, 472 die internationalen Vorwürfe gegen die deutschen Kulturschänder. Döblin war im Ersten Weltkrieg Militärarzt.

Geschichte gelehrt und durch ihre bildliche Darstellung unterhalten hatte.[119]

So scharf sich diese Gegensätze auch zuspitzten, seit der Gründerzeit der siebziger Jahre ist die Tendenz deutlich festzustellen, daß sich mit dem Wachstum der medienvermittelten unsinnlichen Information und Unterhaltung eine allgemeine Gesichts- und Bildlosigkeit der Architektur vorbereitete, wenn sie auch im Bereich der großbürgerlichen Architektur durch den Historismus und Synkretismus der Baustile und durch den Aufwand der baulichen Repräsentation und Dokumentation bis 1914 überdeckt und geradezu verleugnet wurde. Aber die – öffentliche wie private – großbürgerliche Architektur, die damals angewandt wurde, verallgemeinerte und verbürgerlichte die feudale Baupraxis nur in einem begrenzten Bereich, während sich in weiteren Bereichen im Kasernen-, Fabrik- und Miethausbau das gesichts- und bildlose rein funktionelle Bauen der Massengesellschaft entwickelte und, soweit nicht schon durchsetzte, ankündigte. Der funktionelle Stil, der die feudale und großbürgerliche Baukunst im traditionellen historischen Stil durch eine Wahlverwandtschaft oder ein Zusammengehen von Bauökonomie und Bautechnik ersetzte, war als moderne Stilrichtung allerdings erst ein Resultat des Kriegsausgangs und der Revolution in Rußland. Bevor aber 1919 in Deutschland das Bauhaus gegründet wurde, das für den funktionalen Stil eintrat, war dieser im Bauwesen im Prinzip seit mehr als zwei Menschenaltern im breiten Ausmaß in Gebrauch, soweit ohne Stil ökonomisch gebaut wurde und ohne daß er als Stil galt.

Die Entdeckung, daß die repräsentativen Einrichtungen und Schichten – die Krone, bestimmte Staatsverwaltungen, Adel und großbürgerlicher Unternehmer – ohne Stil funktionell bauen konnten oder sogar mußten, war bis 1914 aber noch nicht gemacht. Die Konvention, daß das Bauwesen, das nicht ausschließlich wirtschaftlichem Zwang folgte und der Notdurft gehorchte, baukünstlerisch bestimmt war und sich an eine jahrhunderte- und jahrtausendealte baukünstlerische Tradition anschloß, stand nahezu für ein Sitten- und Naturgesetz. So riefen die Tendenzen, die auf eine Schwächung und Aus-

---

[119] A(nton) Bettelheim: Eine Umwälzung auf dem französischen Büchermarkte. In: Die Nation. Jg. 6. 1889. Nr. 18. S. 271.

schaltung dieser Konvention abzielten und die auf ein allgemeines funktionales Bauwesen zuführten, zu Anfang des 20. Jahrhunderts sporadisch Erschrecken und Protest hervor.
Die Selbstzerstörung der Stadt durch ihre eigene Bautätigkeit wurde in Deutschland zu Anfang des 20. Jahrhunderts angesichts der Baukonjunktur in der Millionenstadt Berlin wohl zum ersten Mal nachdrücklich beklagt. Der Berliner Schriftsteller Max Osborn (geb. 1870) schrieb 1906 einen Essay über »Die Zerstörung Berlins« und erklärte darin: »Wir, wir selbst sind die Zerstörer Berlins. Mit einem Eifer und einer Rastlosigkeit, als gelte es, eine große und gute Tat zu tun, sind wir dabei, die Reste der schönen Stadt zu vernichten... Denn so wunderbar es klingen mag: die Residenz des Preußenkönigs war einmal eine schöne Stadt. Ja, mehr als das: sie war überhaupt eine Stadt, während sie heute mehr und mehr den Charakter einer Häuseransammlung ohne besondere Merkmale annimmt.« Über die »schneidige Skrupellosigkeit« des zeitgenössischen Bauens urteilte Osborn: »Wenn das noch lange so fort geht, werden wir in absehbarer Frist das Ziel erreicht haben, daß das alte Berlin dem Erdboden gleichgemacht ist und sich an seiner Stelle eine moderne Stadt erhebt, vor deren Anblick der feiner Empfindende sein Antlitz verhüllt.« Osborn ging auf verschiedene Einzelheiten – die Umgestaltung der Leipziger Straße, des Pariser Platzes, der Wilhelmstraße – ein und zog daraus das Fazit: »Immer wird alles häßlicher und reizloser statt schöner. Für eine so schwächliche Zeit wie die unsere ist dreifacher Respekt gegen die Überbleibsel der Vergangenheit geboten. Aber die Respektlosigkeit gegen die Denkmäler der Stadt ist bei uns liebe, alte Gewohnheit.« Osborn verlangte ein Gegengewicht gegen Berlins »rapide Fortentwicklung im amerikanischen Schablonenstil« und forderte eine Bürgerwehr der Intelligenz und der Ästheten: »Wir wollen nicht in einem Konglomerat von Häusern leben, aus dem ein paar Dutzend schlechter Marmor- und Bronzedenkmäler herausgucken, sondern in einer Stadt, die ein lebendiger Organismus ist.« Es bestehe aber die Gefahr, daß Berlin zum Krüppel und schließlich zum Leichnam werde.[120]

---

[120] Max Osborn: Die Zerstörung Berlins. In: Die Nation. Jg. 23. 1906. Nr. 31. S. 489–491. Die großbürgerliche Baupraxis in der Zeit von der Gründung des

Das Thema der Zerstörung der Stadt spielte im Deutschen Kaiserreich aber noch nicht ausdrücklich eine wichtige Rolle. Der Grund war, daß die Großstadt in dieser Epoche in den freien Raum der Landschaft ausgriff. Sie mußte nicht stets zuerst zerstören, wenn etwas Neues geschaffen werden sollte. So hatte die Ausdehnung Vorrang vor der Wandlung. Die Schleifung der städtischen Festungen und Wälle war eben erst geschehen und gab Raum zu Ausfüllungen. So wurden in den Gründerepochen nach dem Entstehen des Deutschen Reiches mehr überholte Fesseln der Stadt gelöst als im Raum der traditionellen Dimensionen und Maßstäbe neue größere eingeführt und durchgesetzt. Das geschah zwar auch. Aber Emanzipation und Ausweitung überdeckten es, daß Neues nicht einfach hinzugewonnen, sondern daß es zum Teil auf Kosten des Alten an dessen Stelle gesetzt wurde.

Wie wenig in der Epoche der Kaiserzeit Stadtplanung auch als Stadtzerstörung empfunden und erkannt wurde, zeigt eine Bemerkung in Theodor Fontanes Autobiographie »Von Zwanzig bis Dreißig« aus dem Jahr 1898. Im Bezug auf das Zentrum von Berlin wiederholte und bestätigte Fontane darin nach einem weiteren halben Jahrhundert einen Ausspruch seines Vaters, der im Jahr 1848 nach einem Rundgang fand, es sehe hier noch gerade so aus wie vor fünfzig Jahren. Fontane fügte hinzu: »Es ist in der Tat ganz erstaunlich, wie wenig sich – ein paar Ausnahmen zugegeben – Städtebilder verändern. Wenn an die Stelle von engen, schmutzigen Ghettogassen ein Square mit Springbrunnen tritt, so läßt sich freilich von Ähnlichkeit nicht weiter sprechen, präsentieren sich aber die Hauptlinien

---

Deutschen Reiches bis zur Jahrhundertwende zeigen Prachtwerke wie Bremen und seine Bauten. Bearb. und hrsg. vom Architekten- und Ingenieur-Verein. Bremen 1900.

Als 1889 der Lübecker Weinhändler Heinrich Leo Behncke: Eine Lücker Kaufmannsfamilie. Lübeck 1913. T. 4. S. 159–165 London kennenlernte, betrachtete der Bürger der im Mittelalter stehengebliebenen ehemaligen Weltstadt die moderne und in ihr die Reste der hansischen Zeit mit Augen, die an der Vergangenheit geschult und orientiert waren. Sein Urteil: »Die Bruchstücke von Kunst und Schönheit, die andere und alte Zeiten der City hinterlassen haben, sind in dem modernen Geschäftsverkehr zertreten und erstickt worden, ohne daß jemand den Verlust bemerkt zu haben scheint«.

unverändert, während nur die Fassade wechselt, so bleibt der Eindruck ziemlich derselbe. Die Maße entscheiden, nicht das Ornament.«[121]

Bevor man in der zweiten Hälfte des 20. Jahrhunderts gerade die Veränderung der Maße betrieb und wahrnahm, überwog an der Wende vom 19. zum 20. Jahrhundert noch die Beobachtung, daß gegebene Maße als gültig betrachtet und im Verlauf der Ausdehnung fortgesetzt weiter angewandt wurden. Die Großstadt, die sich ihrer Umwallung entledigte und sich ohne Trennlinie in gegliederter Regelmäßigkeit in immer mehr wachsende und schließlich überwiegende Vorstädte ausdehnte, lud allmählich zum Vergleich mit der geregelten Kulturlandschaft ein. Statt sich in der Struktur so scharf wie möglich vom Land abzuheben, glich sie sich ihm im Verlauf der »Urbanisierung« an. Sie wurde denn auch kurz vor dem Ersten Weltkrieg einmal ausdrücklich als ein »steinernes Ackerland« bezeichnet.[122] Als im Jahr 1911 der deutsche Philosoph Georg Simmel (1858–1918) eine Betrachtung über die Ruine veröffentlichte, kam es ihm noch gar nicht in den Sinn, Ruinen einzubeziehen, die als negative Kulturprodukte und als aktuelle gesellschaftliche Fehlleistungen erschienen. Weder die Bauruine der Gründerzeit noch die Kriegsruine der Konfliktzeiten und ihre schmerzliche Bedeutung für die Lebenden, die ihre Gefühle an die zerstörten Bauwerke banden und von den Ruinen zu lösen hatten, waren Simmel gegenwärtig. Er sah die Ruine nur im Rahmen ihres Kunstcharakters und betrachtete Bauruinen wie Ruinen auf Gemälden. Er definierte sie als eine Verschiebung der Gleichung zwischen Natur und Geist zugunsten der Natur. Er sprach ihnen Vergangenheitscharakter zu und fand, die Ruine vermittele den Eindruck von Frieden. Das wurde geistreich und scharfsinnig deduziert, so als könne die Ruine nichts anderes als eine

---

[121] Theodor Fontane: Von Zwanzig bis Dreißig. Kap. 3.

[122] Armin T. Wegner: Das Antlitz der Städte, 1909–1913. Berlin 1917. S. 47. Auch der Vergleich mit dem Wasser kam vor. Julius Rodenberg: Bilder aus dem Berliner Leben. Die Kreuzberg-Gegend. In: Deutsche Rundschau 38. 1884. S. 90 bemerkte über das Wachstum Berlins: »So schreitet die Stadt vorwärts, ihre Flut nach allen Seiten hin ergießend.« Die Gleichsetzung der Weltstadt (meist Paris) mit einem Meer war geläufig, man findet sie z.B. bei Friedrich Schiller, Wilhelm von Humboldt, Wilhelm Raabe.

melancholische Bereicherung einer kraftvoll beständigen und lebendigen Gegenwart sein.[123] Auch in der großen Gedichtfolge von Armin T. Wegner (geb. 1886) »Das Antlitz der Städte« über das Thema der Stadt, die zwischen 1909 und 1913 geschrieben und 1917 veröffentlicht wurde, fand die Zerstörung und der Tod der Stadt noch keinen Platz. Im »Antlitz der Städte« wurden die verschiedenen Formen seines lebendigen Ausdrucks dargestellt; und sogar »Die tote Stadt« war in Wahrheit nur eine schlafende Stadt.[124]
Dieser Optimismus überdauerte den Ersten Weltkrieg nicht, auch wenn die Menschen danach versuchten, die Zerstörung in einer künstlerisch verschleierten anmutenden Form ernst zu nehmen und sich ihre brutale Wirklichkeit, für die der Erste Weltkrieg hinreichend gesorgt hatte, möglichst zu verhehlen. Angesichts des wirklichen Menschenloses war diese Haltung verständlich genug. Als sich Oskar Loerke (1884–1941) nach den Themen »Vineta« (1907) und »Der Turmbau« (1910) 1921 der »Heimlichen Stadt«, darunter »Pompeji« zuwandte, tauchte der Gedanke an die Zerstörung der Stadt literarisch in neuer Form auf und zwar in äußerst sensibler angespannter Form. Das einleitende Gedicht der Folge »Traumstadt« zeigt es. Loerke schrieb darin sieben Jahre nach den Zerstörungen in Löwen, Mecheln und Ostpreußen:

»Kein Bau kann dauern.
Noch klingen die Kellen,
Noch pflückt Ihr zum Richtkranz das Laub.
Doch rüsten die Mauern
Sich schon, zu zerschellen
Und aus sich selber zu springen als Staub...
Es wirft an die Tore
Babels der Engel,
Noch ehe es gebaut ist, den Brand.
Doch vor dem Erliegen
Furchtlos und gerne

123 Georg Simmel: Die Ruine. In: Simmel: Philosophische Kultur. Gesammelte Essais. 2. Aufl. Leipzig 1919. S. 125–133. Einen kongenialen Eindruck auf populärer Ebene vermittelt das Gedicht »Auf einer Ruine« in: Das Schicksal einer Frau in Gedichten. Berlin 1913. S. 80.

124 Armin T. Wegner: Das Antlitz der Städte. Berlin 1917. S. 67–68.

Leben die Menschen, ihre Traumstadt wird wahr,
Auf klopfenden Stiegen
und unterm Sterne
Geduldiger Lampen bleicht ihnen das Haar.«[125]

Das war unverkennbar eine Wendung ins Tröstliche, die den Grund der Trostbedüftigkeit so leicht und so schön wie möglich bezeichnete und die grauenvolle Wirklichkeit der Zerstörung nur unter dem Schleier der Dichtung ahnen ließ. Inzwischen wurden im wirklichen Leben die Energien und Aktivitäten von ihrer kriegerischen Gestalt in friedliche Erfolgs- und Geltungsbedürfnisse umgeleitet. Sie kamen in der Reichshauptstadt Berlin konzentriert zum Ausdruck. Als die Stadt nach dem Ersten Weltkrieg Deutschland wie nie zuvor zentralisierte, steigerte sich die althergebrachte Polemik gegen das »demokratische Berliner Sodom«, die in Preußen seit der Julirevolution ein Thema der konservativen Grundbesitzer und ihrer Familien in den Agrarprovinzen war. Dabei sorgte im 19. Jahrhundert die erbauliche Entrüstung oft genug auch für unchristliche Unterhaltung.[126] Zu Berlin und zur Steigerung seiner zentralen Stellung in Deutschland bildete sich ein Gegensatz in München, das bereits seit langem den etwas schwächeren Gegenpol dazu bildete. Ein Wagnerianer und Bewunderer Ludwigs I. von Bayern, Adolf Hitler, machte dort 1923 einen Putsch, um sich an die Spitze einer provisorischen Nationalregierung zu stellen und »den Marsch nach dem Sündenbabel Berlin anzutreten«.[127] Der vorerst gescheiterte Diktator kam auf die Festung Landsberg. In Berlin hielten dafür die Kinder eines berühmten Münchener Romanschriftstellers aus Lübeck, der seit Jahrzehnten in der bayerischen Hauptstadt wohnte, Erika und Klaus Mann ihren Einzug. Wie fanden sie, die Künstler, die Stadt? »Prah-

---

[125] Oskar Loerke: Die heimliche Stadt, 1921. Traumstadt.

[126] Ernst Dronke: Berlin, 1846. Berlin 1953. S. 15. Vgl. auch Willibald Alexis (d.i. W. Häring): Ruhe ist die erste Bürgerpflicht. Vaterländischer Roman, 1852, Kap. 80. Heinrich von Treitschke: Der Socialismus und seine Gönner. Nebst einem Sendschreiben an Gustav Schmoller. Berlin 1875. S. 94. Für die Situation am Ende des Kaiserreichs vgl. auch Josef Ponten (1883–1940): Der Babylonische Turm. Geschichte der Sprachverwirrung einer Familie. Stuttgart 1918.

[127] Rudolf Olden: Hitler. 2. Aufl. Amsterdam 1936. S. 112: Adolf Hitler am 8. November 1923 abends im Bürgerbräuhaus vor dem öffentlichen Putsch.

lerisch noch in der Verzweiflung«, schrieb Klaus Mann. »Sodom und Gomorrha zusammen waren nicht halb so verderbt, nicht halb so elend.«[128] In Berlin ging es in diesen Jahren der Inflation hoch her, das heißt drunter und drüber. Das meinte nicht nur Klaus Mann, sondern auch der Spengler-Schüler Richard Korherr aus München. Er veröffentlichte 1929–30 einen Aufsatz in den Süddeutschen Monatsheften über Berlin, den er mit Spenglers Bildung und Ideologie befrachtete und nannte die Hauptstadt des Deutschen Reiches darin »den Krebs am deutschen Volkskörper«. Ein Satz genügt: »Für Berlin wird der Tag kommen, für den das mene mene tekel upharsin des alten Babel gilt.«[129]

Wenige Jahre später ließen die Manns ihren Besitz in München im Stich und gingen ins Exil. Hitler und auch Korherr, der zur SS gehörte, waren nun in Berlin dran. Hitler bereitete sich durch eine gerissene und verwegene Politik in kürzester Zeit darauf vor, die Träume Weitlings und Wagners, Nietzsches und Ludwigs II. aus der Kunst in die Politik zu übertragen und die kriegerische Verwirklichung des Untergangs im Kampf um die Weltherrschaft zu riskieren. Was einst für Wagner die Ablehnung durch Paris und die Dresdener Revolution gewesen war, das bedeuteten für Hitler die Ablehnung durch das »Rassenbabylon« Wien und der Münchener Putsch[130], und wie Wagner sich im »Ring des Nibelungen« schadlos hielt, so suchte Hitler sein Heil in der gewaltsamen Revision des Friedens von Versailles.

Für Berlin sah er aber vorerst eine ehrenvolle Rolle vor. Es sollte als

---

[128] Klaus Mann: Der Wendepunkt. Ein Lebensbericht. Frankfurt am Main 1952. Kap. 4. S. 135.

[129] Richard Korherr: Berlin. In: Süddeutsche Monatshefte 1929–30. S. 412. Korherr lebte seit 16 Monaten in Berlin, als sein Aufsatz veröffentlicht wurde. Über den Verfasser vgl. Klaus Bergmann: Agrarromantik und Großstadtfeindschaft. Meisenheim 1970. S. 193, 200–205. Einen Propheten des Untergangs von Berlin mit der Apokalypse in der Hand traf 1930 in Berlin am Alexanderplatz August Scholtis: Ein Herr aus Bolatitz. Lebenserinnerungen. München 1959. S. 291. Ein Ölbild des im Februar 1933 unter bis heute umstrittenen Umständen ausgebrannten Reichstagsgebäudes in Berlin von Johannes Haensch von Ostern 1933 verwahrt das Berlin-Museum in Berlin.

[130] Adolf Hitler: Mein Kampf. Kap. 4. München 1925. 29. Aufl. München 1933. Bd. 1. S. 138.

Hauptstadt »Germania« mit babylonischen Bauten versehen und von Grund auf umgekrempelt werden, um Weltstädte wie London und Paris zu übertrumpfen. Höhepunkt der Baupolitik Hitlers in Berlin war 1938 der Auftrag an seinen Architekten Speer, binnen eines Jahres eine neue Reichskanzlei am Wilhelmsplatz zu erbauen. Speer erfüllte den Auftrag und war nach 364 Tagen am 9. Januar 1939 fertig. Das Bauwerk wurde nach der Eingliederung Österreichs in das Deutsche Reich als »erster Staatsbau« und als »Symbol« des neuen »Großdeutschen Reiches« gefeiert. In der Festschrift über die neue Reichskanzlei schrieb Wilhelm Lotz 1939, es handele sich um einen Bau, »der zu Beginn einer Bauperiode steht, die mit den größten der Geschichte den Vergleich aushalten will und wird. Die Formen, in denen dieses neue Bauen sich vollziehen, von denen ausgehend es sich entwickeln wird, sind vorgezeichnet.« Der Bildhauer Arno Breker, der die Standbilder für den Bau ausführte, bezeichnete die Räume der Neuen Reichskanzlei als einmalig und ohne Vorbild und prophezeite: »Mit der Fertigstellung der neuen Reichskanzlei ist ein endgültiges Wort nicht nur für die Baugesinnung und Ausrichtung unserer Gegenwart, sondern auch für die Zukunft ausgesprochen.«[131] Nachträglich fällt auf, daß für den Reichskabinettssaal der Neuen Reichskanzlei, der niemals benutzt wurde, Gemälde mit antiken Ruinen aus dem 18. Jahrhundert als Schmuck gewählt wurden. Der Zustand ähnelt dem von Bomben zerrissenen Haus, an dessen einziger stehender Wand mit etwas Boden im vierten Stockwerk ein Bett und ein Bild darüber übrig geblieben sind. Von der Reichskanzlei, die der erste und letzte repräsentative Staatsbau des Großdeutschen Reiches war, standen nach dem Zweiten Weltkrieg nur noch Trümmer. Die Russen ließen sie abtragen und verwandten den Marmor der Ruine 1947–49 für ihr Ehrenmal in Berlin-Treptow. Von der neuen Reichskanzlei blieb so gar nichts übrig.

Wir kehren aber noch einmal in das erste Jahr des Zweiten Weltkriegs zurück. Nach dem siegreichen Feldzug gegen Frankreich ordnete Hitler am Tage des Waffenstillstands am 25. Juni 1940 die Fortsetzung der Repräsentativbauten in Berlin an. Sie sollten 1950 vollendet sein.

---

[131] Die neue Reichskanzlei. Architekt Albert Speer. 2. Aufl. München 1940. S. 52, 58f., 84.

[132] Albert Speer: Erinnerungen. Berlin 1969. S. 192f.

Abb. 32 »Das war Stalingrad«. Kalenderzeichnung des 14jährigen Schülers E. Tomaskowitz, Schwerin, 1943

Aber es blieb bei den Plänen. Sie sind bezeichnend genug. Napoleon, der für Hitlers Politik ein Muster war, hatte noch wie die Fürsten der frühen Neuzeit – z. B. die Wittelsbacher in München – freien Raum neben dem alten Baukörper für seine Monumentalbauten gewählt. Die Ausführung der Berliner Repräsentativbauten Hitlers hätte Zerstörungen im großen Umfang vorausgesetzt. Unter anderem ward an die Beseitigung des Roten Rathauses in Berlin gedacht[132] und mit dem Gedanken einer Versetzung des Reichstagsgebäudes gespielt. Die Bombardierungen des Zweiten Weltkrieges übertrafen dann die einkalkulierten Abrißmaßnahmen bei weitem. Zuerst wendete Hitler die Tendenz zur Vernichtung, die eine Kehrseite der Tendenz zum Monumentalbau ist, während des Baus der neuen Reichskanzlei 1938

nach außen, nach der Generalprobe in Spanien zuerst gegen die Tschechoslowakei: »Wenn diese Herren nicht parieren, dann wird Prag dem Erdboden gleichgemacht, kein Stein bleibt auf dem andern«,[133] sagte der Führer und Reichskanzler des Großdeutschen Reiches im August 1938 zu Carl Jakob Burckhardt, dem Kommissar des Völkerbundes in Danzig. Im gleichen Monat trat aber der Chef des Generalstabes des Heeres Beck zurück; und Prag wurde dann erst im März 1939 ohne Kampf durch deutsche Truppen besetzt. Der Beginn von Kampfhandlungen zwischen dem Deutschen Reich und Polen machte anstelle von Prag Warschau zum Ziel von Zerstörungen, vor allem durch Angriffe der modernen deutschen Sturzkampfbomber. Nach dem Sieg über Polen und Frankreich richtete sich Hitlers Blick auf England. Ende 1940 verkündete er: »London wird ein Trümmerhaufen sein und zwar in drei Monaten.«[134] Hitler glaubte damals, er habe die Macht, London völlig zu zerstören,
Abb. 32 erlitt aber eine Niederlage im Luftkrieg. Der Angriff auf die Sowjetunion lenkte ihn davon ab; und im Herbst 1941 wurde befohlen: »Der Führer ist entschlossen, die Stadt Petersburg vom Erdboden verschwinden zu lassen.« Dieser Vorsatz wurde sogar militärtaktisch rationalisiert. Moskau und Leningrad sollten deshalb nicht kapitulieren dürfen, wenn sie um Kapitulation bäten, hieß es in den einschlägigen Dokumenten, weil jedenfalls Leningrad »unterminiert sei«.[135] Über Moskau äußerte Hitler 1941, er werde es dem Erdboden gleich machen: »Ich werde ein Staubbecken dort anlegen. Der Name Moskau muß vollständig ausgelöscht werden.«[136]

Abb. 33 In diesen Allmachts- und Vernichtungsphantasien, für die man ein kindliches Ressentiment als Verursacher entdecken und die Verantwortung zum Teil so ins Unverantwortliche ablenken wollte, nahm

---

[133] Carl J(akob) Burckhardt: Meine Danziger Mission 1937–1939. München 1960. S. 176f., 183. August 1938, 8. September 1938.

[134] Albert Speer: Spandauer Tagebücher. Frankfurt am Main 1974. S. 84, 18. März 1947 (über 1940). Albert Speer: Erinnerungen. Berlin 1969. S. 296f.

[135] Das Dritte Reich. Bd. 17. 1972. S. 380ff. Admiral Kurt Fricke, 29. September 1941. Chef des Wehrmachtsführungsstabes Generaloberst Alfred Jodl, 7. Oktober 1941.

[136] Albert Zoller: Hitler privat. Erlebnisbericht seiner Geheimsekretärin. Düsseldorf 1949. S. 143.

Abb. 33 »Der Triumph des Krieges«. Kupferstich nach M. van Heemskerck, um 1560

im 20. Jahrhundert neue Gestalt an, was seit der Epoche der Französischen Revolution politisch und künstlerisch aktuell gewesen war. Die Vorstellung oder Absicht des 18. Jahrhunderts, im 19. zuerst durch Weitling für die Wirklichkeit skizziert, wurde nun eine europäische Wirklichkeit: Guerillakampf, Minen, Einsatz bis zum letzten Mann und zur letzten Patrone. 1944 drohten auch dem Vatikan und Paris das Schicksal der Zerstörung[137], bevor das Untergangsprinzip der Rückzugsdevise »Verbrannte Erde« dieses Schicksal 1945 gegen Deutschland selbst kehrte. Die europäischen Weltstädte, denen Hitler Verderben drohte, überstanden, entweder fast unversehrt wie Prag, Paris, Rom und Moskau oder wiederherstellbar wie Leningrad und London, den Krieg. Am härtesten traf es Warschau und in Gegenschlägen Hamburg, Berlin und Dresden. Hamburg kam zuerst daran.[138] Als Mussolini in Italien gestürzt wurde, flog die amerikanische und die englische Luftwaffe in kombinierten Tag- und Nachteinsätzen vom 25. Juli bis 2. August 1943 Angriffe gegen die Hansestadt. Sie legten mehr als die Hälfte der Stadt in Trümmer und forderten etwa 43000 bis 55000 Tote. 750000 Menschen wurden obdachlos. »Die Angriffsserie konnte nur mit den Auswirkungen einer Erdbebenkatastrophe verglichen werden«, erklärte Albert Speer darüber.[139] Dann machten sich die Alliierten daran, Berlin zu vernichten

---

[137] Dominique Lapierre, Larry Collins: Paris brûle-t-il? Paris 1964. Hitlers Zerstörungsbefehl vom 8. August 1944.

[138] Über die Vorbereitung der Luftangriffe des Zweiten Weltkriegs im Ersten vgl. Hans Lüdersdorff: Die Entwicklung der Kriegsflugzeuge 1916–1917. In: Agenda Rudolf Herzog Berlin 1918. S. 39, 45 mit den Zeichnungen »Luftangriff auf London durch deutsche Großkampfflugzeuge«, »Nächtlicher Angriff eines Bombenfluggeschwaders auf feindliche Munitionslager und Flugstationen«. Hofers (1878–1955) ältestes Gemälde zum Thema »Mann in Ruinen«, 1937 (Städtische Kunstsammlungen Kassel, L 292) gilt als Prophezeiung, kann aber auch durch den Ersten Weltkrieg und durch den gleichzeitigen Spanischen Bürgerkrieg motiviert worden sein. Vgl. seit 1928 Bomber auf Gemälden von Franz Radziwill. Herbert Wolfgang Keiser, Rainer W. Schulze: Franz Radziwill. Der Maler. München 1975.

[139] Albert Speer: Erinnerungen. Berlin 1969. S. 296. Vgl. David Irving: The Destruction of Dresden. London 1964. S. 237. Der Angriff auf Lübeck hatte am 28. März 1942 320 Tote gefordert, 25000 Menschen waren obdachlos geworden. Percy Ernst Schramm (Hamburg): Hamburg, Deutschland und die Welt. München 1943. S. 5 schrieb unmittelbar nach der Katastrophe: »Trotzdem ist kein Zweifel, daß Hamburg sich auch diesmal wieder emporarbeiten wird.« Ausführlich: Hans

Abb. 34 Mann in Ruinen. Lithographie von Karl Hofer, datiert 1923/24

und es in Serien von Tag- und Nachtbombardements in den »Schutthaufen bei Potsdam« zu verwandeln.[140]

Erich Nossak: Der Untergang. Geschrieben November 1943. Hamburg 1948. Über das Ende in Berlin Ernst-Günther Schenck: Ich sah Berlin sterben. Als Arzt in der Reichskanzlei. Herford 1970. S. 25ff., besonders S. 63ff.

140 Bertolt Brecht: Arbeitsjournal 2. Hrsg. von Werner Hecht. Frankfurt am Main

»Die Angriffe auf Berlin boten vom Flakturm aus ein unvergeßliches Bild, und es bedurfte eines ständigen Zurückrufens in die grausame Wirklichkeit, um sich nicht von diesem Bild faszinieren zu lassen: die Illumination der Leuchtfallschirme, von den Berlinern »Weihnachtsbäume« genannt, gefolgt von Explosionsblitzen, die sich in Brandwolken verfingen, unzählige suchende Scheinwerfer, das aufregende Spiel, wenn ein Flugzeug erfaßt war und sich dem Lichtkegel zu entwinden suchte, eine sekundenlange Brandfackel, wenn es getroffen wurde: die Apokalypse bot ein grandioses Schauspiel«, schreibt ein Augenzeuge über die Nacht vom 22. zum 23. November
Abb. 34 1943 in Berlin.[141] Der Ausdruck »Weihnachtsbaum« blieb damals nicht auf Berlin begrenzt. Er wurde allgemein verwandt und bezog sich auf eine einschneidende Veränderung der Luftkriegstechnik über Deutschland. Bis 1943 hatten die alliierten Bomber die Städte gestreut bombardiert. Seitdem steckten sie bei Nachtangriffen das Zielgebiet durch die Grenzmarkierungen der »Weihnachtsbäume« genau ab und zerstörten durch ein gemischtes Flächenbombardement mit Spreng- und Brandbomben die abgesteckten Viertel meistens vollständig. So wie es eine Stadtplanung von ganzen Stadtvierteln gab und gibt, gab es nun eine Stadtvernichtungsplanung von ganzen Vierteln, die in den Vorstädten präzise funktionierte. In der City blieb dank der größeren Unregelmäßigkeit der Bebauung und der Standfestigkeit der Repräsentativbauten auch nach der Einführung der neuen Angriffstechnik mehr erhalten als in den Vorstädten, auch wenn es nur die Außenmauern der Repräsentativbauten waren, die später ein Gehäuse für einen neuen Aufbau abgaben.

Wir kehren aber in die Novembernacht 1943 zurück, denn der Augenzeuge beschrieb auch das Erlebnis der frisch zerstörten Stadt Berlin: »Sowie die Flugzeuge abdrehten, begab ich mich im Auto in die betroffenen Stadtviertel, in denen wichtige Werke lagen. Wir fuhren

---

1973. S. 852, 27. Oktober 1948. Den Wilhelmsplatz mit der Ruine der Reichskanzlei im Jahr 1946 zeigt Friedrich Terveen: Bild- und Filmdokumente zur Geschichte Berlins. Berlin 1975. S. 72.

 [141] Albert Speer: Erinnerungen. Berlin 1969. S. 301.

Abb. 35 Dresden mit den Ruinen der Frauenkirche, 1945

über soeben zerstörte, schuttübersäte Straßen, Häuser brannten, Ausgebombte saßen und standen vor den Trümmern, einige gerettete Möbel und Habseligkeiten lagen auf den Bürgersteigen herum; es war eine düstere Atmosphäre inmitten von beißendem Rauch, von Ruß und Flammen. Die Menschen zeigten mitunter jene merkwürdige, hysterische Heiterkeit, die im Angesicht von Katastrophen oft beobachtet wird. Über der Stadt hing eine wohl sechstausend Meter hohe Brandwolke. Durch sie wurde selbst noch bei hellem Tageslicht die makabre Szene nächtlich verdunkelt.« Die Schilderung dieses Augenzeugen – es ist Albert Speer, der Generalbauinspekteur der damaligen Reichshauptstadt – beschränkte sich auf einen Sinn, auf das Auge. Daß auch Ohr, Geruchssinn und Gleichgewichtsgefühl beteiligt waren und daß sich die Katastrophe den Beteiligten durch verschiedene Sinne vermittelte, bleibt in seiner Schilderung unberücksichtigt.

Schließlich traf es am 13. und 14. Februar 1945 das mit Soldaten und
Abb. 35 Flüchtlingen aus dem Osten Deutschlands vollgestopfte Dresden. Wie in der frühen Neuzeit verschiedene Künstler wurde ein deutscher Künstler der Gegenwart, der auf die alten Meister erkennbar zurückgriff, zum Propheten dieses Untergangs. Otto Dix (1891–1951) malte 1939 – im Jahr des Kriegsausbruchs – das Gemälde »Lot und seine Töchter«. Stereotyper Hintergrund dieses Vordergrund-Themas war in der frühen Neuzeit die brennende Unheilsstadt. Dix, der mit Dresden eng verbunden war, stellte die Stadt, in der er gelernt, gelehrt und gelebt hatte, in den Hintergrund der drei Personen. Die Vision der brennenden Unheilsstadt Dresden wurde 1945 Wirklichkeit. Feuersbrünste verwüsteten die Innenstadt. Wieviele Menschen umkamen, ist unbekannt. Die niedrigste Ziffer nannte 35000 Tote. Hohe Ziffern schätzten die Zahl der Toten auf 120000 bis 150000. Es gab sogar Angaben, die über 200000 hinausgingen. Die Zahl der Obdachlosen wurde auf 400000 geschätzt.[142] »Man lief hindurch, durch einen Alptraum von Sodom und Gomorrha, man lief hindurch und weinte«, heißt es noch sechs Jahre später in einem Bericht über die Trümmerstadt Dresden.[143]

Auch in Berlin schien sich ein ähnliches Schicksal wie in den antiken Unheilstädten zu wiederholen. Die Weltkriege luden die Zeitgenossen wiederholt zum Vergleich mit den punischen Kriegen ein. Dabei stand in der Argumentation England für Rom, Deutschland für Karthago. Als der römische Feldherr Publius Cornelius Scipio

---

[142] Otto Dix: Lot und seine Töchter, 1939. Reproduktion in Frankfurter Allgemeine Zeitung Nr. 42, 19. Februar 1977; David Irving: The Destruction of Dresden. London 1964. S. 7, 237. Der Abwurf der ersten amerikanischen Atombombe auf Hiroshima am 6. August 1945 tötete 160000 Menschen. Am 9. August 1945 fiel eine zweite Atombombe auf Nagasaki.

[143] Gert Westphal: Unvermutete Begegnung in Dresden. In: Der Tagesspiegel, Berlin Nr. 7968, 28. November 1971.

Aemilianus im Jahr 146 vor Christi Geburt Karthago erobert hatte, beklagte er auf den Trümmern der Stadt ihr Ende mit griechischen Versen aus der Ilias und dachte dabei an Roms künftiges Ende.[144] Nach der Eroberung Berlins machte der englische Premierminister Churchill während der Potsdamer Konferenz im Sommer 1945 einen Besuch in Hitlers zerstörter neuer Reichskanzlei. »Mein Haß war mit ihrer Kapitulation gestorben«, bemerkte er über die dort herumstehenden Deutschen, die ihn beklatschten. Das Ausmaß des Unheils, das Churchill in der Reichskanzlei seines durch Selbstmord geendeten Gegenspielers Hitler vor Augen hatte, führte er nicht auf eine moralische, sondern auf eine politische Ursache zurück. Da die moderne Welt im Unterschied zur römischen den unterlegenen Führer nicht verschonen möge, argumentierte Churchill, müßten ihm mehr Menschen in den Tod vorausgehen, als sonst wahrscheinlich wäre.[145] Hitler wurde so durch den Aufschub seiner Selbstzerstörung zum gigantischen Zerstörer. Auch Bezüge zur christlichen Antike wurden hergestellt. Der Lyriker Wolfgang Weyrauch (geb. 1907) dichtete in »Berlin 1946«[146]: *Abb. 36*

O, wir hoffen, hoffen doch,
hoffen in dem Ninive,
Wo der Drache purpurn kroch,
läutert uns das Ach und Weh.«

Das war, mit etwas Abstand, moralisierend und paßte in den allgemeinen Rahmen der zeitgenössischen Vergleiche und Deutungen. Die Bezüge auf die heidnische Antike politisierten, die auf die christliche moralisierten und wandten sich jeweils an ein verschiedenes Publikum. In den ersten Jahren nach dem Krieg beschäftigte die Menschen die Zerstörung der Stadt durch den Krieg naturgemäß stark. Als fest und beständig hatten sich hauptsächlich nur die Notbauten des Krieges, die Bunker, erwiesen; sie wurden nachträglich

---

144 Scipio zitierte die gleichlautenden Verse Homer: Ilias Buch 4. Vers 164f. und Buch 6 Vers 448f. Vgl. Paulys Realencyclopädie der classischen Altertumswissenschaft 7. 1900. Sp. 1450.

145 Winston Churchill: The Second World War. London 1954. Vol. 6. Kap. 38. S. 544.

146 Wolfgang Weyrauch: Berlin 1946. In: Weyrauch: Von des Glücks Barmherzigkeit. 2. Aufl. Berlin 1947. S. 36f.

gesprengt, soweit es möglich erschien. Es gibt aus dieser Zeit manche Beispiele des Versuchs einer künstlerischen Bewältigung. So schuf Karl Rössing 1946–47 Holzschnitte zur Apokalypse, die die Erfüllung der Weissagung aus dem ersten Jahrhundert nach Christi Geburt im Bombenkrieg des Zweiten Weltkrieges gestalteten. Der Künstler verfiel aber nicht erst durch die Erfahrung der Zerstörung auf sein Thema. Er hatte es bereits 1924 in der Bildfolge »Die Schildbürger« gestaltet.[147] Die Stadt war in der Nachkriegszeit beinahe zu einem Pompeji geworden und nach langem Triumph über die Natur dieser wieder nahe und untertänig. Das zeigte sich im täglichen Leben dadurch, daß sich die Herrschaft der Stadt über das Land in eine Herrschaft des Landes über die Stadt umkehrte. Die Hamsterer, die als Bittsteller von Bauernhof zu Bauernhof zogen, bezeugten diese Umkehrung alltäglich durch die Tat. Als der Dichter Bertolt Brecht Berlin, das er seit der Auswanderung im Jahr 1933 nicht mehr betreten hatte, nach dem Krieg 1948 wiedersah, bemerkte er vor allem dies: »Das Licht ist so schwach, daß der Gestirnhimmel wieder von der Straße aus sichtbar geworden ist.«[148] Die Natur demonstrierte so die Überhebung der Stadt über die Natur und ihr Scheitern. Eine verwandte Vorstellung brachte damals der Berliner Maler Werner
Abb. 37 Heldt (1904–1954) durch eine Serie von Bildern mit dem Thema »Berlin am Meer« zum Ausdruck, der Berliner Schriftsteller August Scholtis formulierte sie in seinen Lebenserinnerungen.[149] Tatsächlich ähnelte die Ruinenlandschaft einer Dünenlandschaft, und die Dünenlandschaft war eine andere nachbarliche Form der Meeres-»landschaft«. Ruinenstädte wie Berlin ähnelten einem entblößten und ausgeschlachteten Vineta unter Wellen.

---

[147] Karl Rössing: Achtzehn Holzstiche zur Apokalypse. Berlin-Wilmersdorf 1948. Vgl. Gerhard von Kujawa: Ursprung und Sinn des Spiels. Leipzig 1940. S. 103. Schock schwere Not! Drei Dutzend Moritaten. Ausgew. von Wilhelm Fraenger. Mit Federzeichnungen von Karl Rössing. Hamburg o. J.

[148] Bertholt Brecht: Arbeitsjournal 2. Hrsg. von Werner Hecht. Frankfurt am Main 1973. S. 852, 27. Oktober 1948.

[149] Katalog Werner Heldt. Berlin 1968. Z. B. Nr. 244, 271. August Scholtis: Ein Herr aus Bolatitz. Lebenserinnerungen. München 1959. S. 442 schrieb nach 1945 über das zerstörte Zentrum Berlins: »Bei verschleiert prüfendem Blick glich die Landschaft einem Balkanhafen.« Vgl. S. 446. Über die Flut des wachsenden Berliner Häusermeers in der Bismarckzeit vgl. Anmerkung 108.

Abb. 36 Das zerstörte Berlin: Blick vom Rathaus auf das Zentrum der Stadt, 1945

Abb. 37 »Berlin am Meer I«. Zeichnung von W. Heldt, 1947

Aus den Schuttmassen der ausgebombten Häuser schuf man in Berlin fünf Trümmerberge zwischen 70 und 115 Meter Höhe, die in der Landschaft neue Akzente setzten. Auf einem der Trümmerberge errichtete man 1955 der »Trümmerfrau« ein Denkmal. In der Zeit des Wiederaufbaus schuf in Berlin der Architekt Egon Eiermann mit der neuen Kaiser-Wilhelm-Gedächtnis-Kirche das Symbol der Stadt von 1961–63. Er rahmte die Ruine der 1891–95 errichteten alten neuromanischen Kirche durch das Oktogon einer Kapelle und durch einen für sich stehenden Kirchturm ein. Der Bau machte anschaulich, daß man damals die Ruine weder abzureißen noch wiederherzustellen wagte. Unmittelbar danach begann aber eine neue Ära der Zerstörung und Gestaltung in neuen Dimensionen. Zugleich wurde etwas erkennbar, was unmittelbar nach dem Krieg unsichtbar gewesen war. Soviel der Bombenkrieg auch zerstört hatte, viel war doch erhalten geblieben, weit mehr, als es unter dem frischen Eindruck der Zerstörungen schien. Diese Erfahrung wurde in der gleichen Zeit lebendig, in der die Wiederaufbauperiode mit ihrer Tendenz zur Anpassung und Wiederherstellung in der Mitte der sechziger Jahre in Deutschland zuende ging. Bestimmt durch die bautechnische Tendenz zur vulgären Verschmelzung eines trivial gewordenen Bauhausstils und des Bunkerbaus des Zweiten Weltkrieges folgte eine Bauperiode, die im Zeichen der Konjunktur eine neue Welle der Zerstörung in Gang setzte, vor allem wo ihr das Neuland fehlte und wo sie der neuen Planung großer Verkehrsstraßen und Autobahnen folgen konnte. Durch den Zwiespalt zwischen der Verkehrsplanung und den fragmentarisch erhaltenen Baukörpern taten sich willkürliche Risse im Stadtgefüge auf. Der Verleger Wolf Jobst Siedler veröffentlichte 1967 ein Bilderbuch über Berlin mit dem Titel »Die gemordete Stadt«, das als Abgesang auf Putte und Straße, Platz und Baum gedacht war. Siedler erklärte die Stimmung seines Buches als reaktionären Frohmut und bezeichnete diese Haltung gleichzeitig als illusionär. Er vermutete: »Vielleicht verhält es sich so, daß die alten Städte Europas im Begriff sind, nicht nur ihre Originale, sondern auch ihre Originalität zu verlieren; aber im Abschied von der Welt Zilles erfüllen sich die Hoffnungen Zilles. Eben deshalb ist dieser Band als Übung in ironischer Melancholie gemeint.«[150] Die Kapitulation war nach Siedlers Angabe eine Kapi-

150 Wolf Jobst Siedler, Elizabeth Niggemeyer, Gina Angress: Die gemordete Stadt. Abgesang auf Putte und Straße, Platz und Baum. Berlin usw. 1967. Einleitung.

tulation vor den unabweisbaren Bedürfnissen einer neuen Gesellschaft.

Abb. 38 Richtig ist, daß museale Städte nicht leben können und daß lebendige Städte nicht Museen sein können. So kann sich die Inselstadt Berlin trotz mancher Verlockungen das Beispiel Venedigs nicht freiwillig zum Vorbild nehmen; denn das Leben in der Gegenwart geht über die Kunst und ihre Erhaltung. Aber man hatte begonnen, Substanz auf Vorrat zu zerstören und historische und baukünstlerische Tradition um des nicht benötigten freien Raumes willen auf Subvention hin zu beseitigen. Die Frage drängt sich auf, ob die moderne Großstadt noch zerstört, um wiederaufzubauen, oder ob sie ihre eigene Zerstörung fortbaut und so nicht zerstört, um zu bauen, sondern zerstört, um durch Bau weiter zu zerstören. Die herrschaftliche Organisation der modernen Gesellschaft vermag es, Bauformen endgültig zu beseitigen (wie es vergangenen Gesellschaften noch nicht oder seltener möglich war), aber nicht, entsprechende Bauformen wieder hervorzubringen. Es fehlt ihr eine Vorstellung des Baukörpers mit Hauptpunkten, und es fehlt der Respekt vor einer Autorität, die älter und stärker ist als das Bedürfnis der gegenwärtigen Gesellschaft. Dieses Dilemma war nicht neu, sondern trat bereits während des Zweiten Weltkrieges zutage. Albert Speer berichtete darüber 1969 aus der Gesinnung des zum Paulus gewordenen Saulus im Rückblick auf das Jahr 1943, als er die »ideologische Radikalität« der nationalsozialistischen Gauleiter im Bombenkrieg kritisierte: »Die Zerstörungen der Städte geben ihnen den Vorwand, historische Bauwerke abzureißen, selbst wenn sie noch restaurationsfähig waren. Als ich beispielsweise nach einem schweren Fliegerangriff mit dem Gauleiter zusammen von einer Dachterrasse das Trümmerfeld von Essen sah, meinte er nebenbei, daß das Essener Münster nun gänzlich abgerissen würde, da es durch die Angriffe ohnehin beschädigt sei; der Modernisierung der Stadt sei es nur hinderlich. Der Mannheimer Oberbürgermeister rief mich zu Hilfe, um den Abbruch des niedergebrannten Mannheimer Schlosses sowie des Nationaltheaters zu verhindern. Aus Stuttgart hörte ich, daß das abgebrannte Schloß ebenfalls auf Wunsch des dortigen Gauleiters abgerissen werden sollte. Die Begründung war in allen Fällen die gleiche: Weg mit den

 Schlössern und Kirchen! Wir bauen uns nach dem Kriege unsere

Abb. 38 Fronleichnamsprozession in Köln, 1945. Foto von H. Claasen

eigenen Denkmäler! Hier wurde nicht allein das Minderwertigkeitsgefühl der Parteigrößen vor der Vergangenheit lebendig; bezeichnend war vielmehr auch, was mir einer der Gauleiter als Grund für einen Niederreißungsbefehl angab: Schlösser und Kirchen der Vergangenheit seien Zwingburgen der Reaktion, sie stünden unserer Revolution im Wege. Hier kam ein Fanatismus zum Vorschein, der der Frühzeit der Partei zugehörte.«[151] Vergleichbare Erscheinungen hat es auch nach dem Zweiten Weltkrieg gegeben, ausgeprägt z. B. in Bremen. Dort wurden ohne Not die Ruine der Ansgarikirche und einmalige Bürgerhäuser aus der Vergangenheit der Stadt beseitigt. Man glaubte wohl, im besiegten Deutschland geschichtslos nur der Gegenwart und Volkswohlfahrt leben zu können, während die Polen gleichzeitig im geretteten Nachbarland bei der Restauration von Warschau, Danzig und zuletzt Breslau über alle Maßen geschichtsbewußt verfuhren.[152]

---

[151] Albert Speer: Erinnerungen. Berlin 1969. S. 327.

[152] Der Tagesspiegel Nr. 9485, 5. Dezember 1976 zitiert nach Jörg Müller, Heinz Ledergerber: Hier fällt ein Haus ... Aarau 1976 den Innenminister Maihofer (Bonn), »daß die Bagger in den vergangenen dreißig Jahren mehr als die Bomben im letzten Krieg zerstört hätten.«
Vgl. Louis Chevalier: L'Assassinat de Paris. Paris 1977.

6. *Die Gegenwart*

Man spricht heute gelegentlich von Stadtlandschaft.[153] Man trifft damit auch etwas Wichtiges, weil die Stadt längst über sich selbst hinausgegangen ist und wieder auf ihren Gegenpol, die Natur, zustrebt. Lebendige Städte können und sollen keine Schaustädte werden. Aber solange der Pluralismus der Baugestaltung unentdeckt und unorganisiert ist, ist die Stadt von regelloser Zerstörung durch Abbruch und Neubau bedroht. Das ist sie um so mehr, weil die bürgerliche Repräsentation und Stiftung, die zur Bereicherung der Stadt in der Vergangenheit beitrug, fortgefallen ist. Die moderne Bautechnik hat es außerdem leicht gemacht, Bauwerke restlos zu beseitigen. Diese Technik und die Raumknappheit führen dazu, daß Ruinen weder erhalten bleiben noch durch Umbau und Ausbau neuen Zwecken gewidmet werden. Was war, verschwindet spurlos in dem Augenblick, in dem es nicht mehr benötigt oder gewünscht und darum verfemt wird. Es kann die Zeit bis zu seiner erneuten Duldung und Schätzung nicht mehr überdauern. So schnell wie Hitler seine neue Reichskanzlei errichten ließ, können heute Baukörper beseitigt werden, die früher Jahrhunderten trotzten.
In der Gegenwart hat die Kunst das Thema der Zerstörung der Unheilstadt erneut aufgenommen. Der kommunistische italienische Maler Renato Guttuso malte 1968 das Tafelgemälde »Distruzione di Sodoma«. Als Szene hinter dem blutschänderischen Lot wählte er Symbole der modernen sündhaften Macht. So zerbarsten im Hintergrund der Personen das Empire State Building in New York und das Springer-Hochhaus in Berlin. In den Ausstellungen zeitgenössischer Malerei findet man die Hochhauslandschaft über zugedecktem Unrat und städtische Apokalypsen in verschiedenen Formen dargestellt. Die Juryfreie Kunstausstellung in Berlin hat dafür 1976 Bei-

[153] Hans Scharoun in Berlin 1946: »Was blieb, nachdem Bombenangriffe und Endkampf eine mechanische Auflockerung vollzogen, das Stadtgebiet aufrissen? Das was blieb, gibt uns die Möglichkeit, eine Stadtlandschaft daraus zu gestalten.« Alfred Schinz: Berlin. Stadtschicksal und Städtebau. Braunschweig usw. 1964. S. 195f. Vgl. S. 193.

spiele geliefert, ohne mit ihnen allein zu stehen.[154] Eine merkwürdige literarische Gestaltung unternahm 1974 Jean Améry in dem »Roman-Essay« »Lefeu oder der Abbruch«.[155] Er handelte darin von dem deutschen Maler Lefeu oder Feuermann in Paris, der in einem zum Abbruch bestimmten Hause lebte. Feuermann schuf das Bild »Unheilsvogel«. Er verwandelte sich aber nur »spielerisch« in diesen. Denn er blieb »zu sehr der Vernunft verhaftet und der Menschlichkeit, um ein Haus in Brand zu stecken, dessen Flammen niemals würden übergreifen können auf die ganze Stadt Paris, die aber sehr wohl konkreten Menschen, Leuten, dem und jenem, die einem von der Straße her bekannt waren, Brandwunden aller Grade zufügen müßten«. So blieb es beim Programm des malenden Feuerritters: »Denn ritterlich, durchaus, fordere ich diese Stadt, die mich beleidigte, in die Schranken.«[156] Lefeu suchte und fand Ersatz für die Tat in der Kunst. Er malte nach dem Unheilsvogel das Bild »Paris brennt« und zündete das Werk, das ihm »mein Aufstand gegen mein Unglück« war, an. Sich selbst jedoch nicht, obwohl er, ein zweiter Jan Palach, »den eigenen Tod in den Flammen, dem er sinnloser Weise entgangen war, nachholen« wollte. Nur angesengt erlitt Lefeu aber eine Herzattacke, die ihn in ärztliche Behandlung brachte. So endete der Roman mit Lefeus Tod oder mit seiner Behandlung und, vielleicht, mit seiner Heilung?

In diesem »Roman-Essay« von Améry wird die Zerstörung einbalsamiert in Kunst, das Ereignis zurückgeführt in die Seele. Sie übertrugen sich in eine andere Form des Ausdrucks, während sie jenseits Europas ihre tatsächliche Gestalt behielten und sich 1945 im Untergang von Hiroshima und Nagasaki, später von Hanoi und Beirut fortsetzten.[157]

---

[154] Renato Guttuso. Katalog Berlin 1972. S. 55; Katalog der 6. Freien Berliner Kunstausstellung 1976. Bekannte Berliner Ruinenmaler sind gegenwärtig z.B. Peter Ackermann (geb. 1934) und Matthias Koeppel (geb. 1937). Vgl. auch Sabina Lietzmann: New York ist Gomorrha und Jerusalem. Frankfurter Allgemeine Zeitung Nr. 227, 9. Oktober 1976: »New York scheint todgeweiht, Gomorrha, an dem sich Gottes Zorn vollzieht.« Usw.

[155] Jean Améry: Lefeu. Oder: Der Abbruch. Roman-Essay. Stuttgart 1974.

[156] Vgl. Eduard Mörike: Der Feuerreiter, 1824, 1847.

[157] Der Tagesspiegel Nr. 9323, 26. Mai 1976 erläuterte ein Photo aus Beirut, viele Straßen »gleichen den Ruinenfeldern der bombardierten Städte des zweiten Weltkrieges.«

7. Rom und Venedig

Das Wissen um die Zerstörung der Stadt bezog sich in Europa lange Zeit hauptsächlich auf die italienischen Städte und auf deren Überlieferung, vor allem auf Rom und auf Venedig. Die mittelalterliche Vorstellung von der Ruine Rom bekräftigte in der Renaissance in einprägsamer Weise der Florentiner Humanist Gian Francesco Poggio (1380–1459), der jahrzehntelang als päpstlicher Sekretär in Rom lebte. Poggio knüpfte an die prophezeiende Trauergebärde des römischen Feldherrn Scipio auf den Trümmern des eroberten Karthago, der Rivalin Roms, an, indem er auf einem Marmorblock in Rom zwischen zerbrochenen Säulen sitzend Rom mit dem verwesenden Leichnam eines Giganten verglich.[158] Mit diesem Vergleich
Abb. 39 verschob sich der Doppelcharakter der Stadt Rom, die in antiker Tradition Stätte der Trümmer und in christlicher Tradition Bürgin des Heils war, in einer elitären humanistischen Deutung zugunsten der Trauer über den Untergang der antiken Welt. In der Renaissance war es nicht widersinnig, daß ein päpstlicher Sekretär, nach Titel und Stellung ein Sachwalter des anderen Roms, das trotz, ja erst dank der Zerstörung der antiken Prachtstadt Bürgin des Heils wurde, dieser Auffassung zuneigte. Ähnlich stellte sich zu Anfang des 16. Jahrhunderts ein anderer Humanist ein, der ebenfalls ein Diener der Kirche war. Als sich Erasmus von Rotterdam 1509 zum erstenmal in Rom aufhielt, in dem gerade der Grundstein der Peterskirche (1506) gelegt worden war, brach er in die Klage aus: »Schließlich Rom! Rom ist nicht; denn es hat nichts als Ruinen und Trümmer, nichts als die Narben und Spuren alten Unheils. Nimm den Papst, die Kardinäle weg, die Bischöfe, den päpstlichen Hof und die Hofbeamten, die verschiedenen Gesandten, den Menschenschaum, der teils von dem Marktverkehr lebt, teils nach Freiheit und Glück haschend heranbrandet, nimm das alles weg – was ist Rom dann

---

[158] Erich Schmidt: Über die Ruine als dichterisches Motiv. In: Deutsche Literaturzeitung 1912. Nr. 26. Sp. 634.

Abb. 39 Die Eroberung von Rom durch Karl V., 1527. Kupferstich von D. V. Coornhert nach M. van Heemskerck, um 1556

noch?«[159] Diese Stimmung wurde im 16. und 17. Jahrhundert durch die große päpstliche Baupolitik zeitweise in Vergessenheit gebracht oder doch zurückgedrängt. Der Baubeginn des Petersdomes im Jahr 1506 rief die gegen Rom gerichteten Reformationen in Deutschland, England und in den nordischen Ländern hervor, die in einem früheren Stadium in England und in Böhmen gescheitert waren und nun glückten. Ein Jahr nach der Vollendung des Bauwerks im Jahr 1617 brach der Dreißigjährige Krieg aus, der die europäische Szene erneut

[159] Desiderii Erasmi Dialogus Ciceronianus. In: Erasmi Opera omnia. Lugduni Batavorum 1703. T. 1. 1016 Sp. 2F–1017 Sp. 1A. Vgl. Pierre de Nolhac: Érasme en Italie. Étude sur un épisode de la Renaissance avec douze lettres inédites d'Érasme. Paris 1888. S. 65.

tiefgreifend veränderte. Als allerdings im 17. Jahrhundert der Schlesier Andreas Gryphius (1616–1664) aus Glogau nach dem Ende seines juristischen Studiums in Holland Frankreich und Italien bereiste und 1646 nach Rom kam, traten dem Ankömmling aus dem weithin verwüsteten Deutschland die düsteren Eindrücke des antiken und des ursprünglichen christlichen Rom hinter der gegenwärtigen Prachtentfaltung in der päpstlichen Residenzstadt Rom zurück. Beim Abschied von Rom brachte Gryphius das in einem Sonett unmißverständlich zur Sprache. Er schrieb darin auf die Stadt Rom:

Ade, Begriff der Weltstadt, der nichts gleich gewesen
und nichts zu gleichen ist, in der man alles sieht,
was zwischen Ost und West und Nord und Süden blüht,
was die Natur erdacht, was je ein Mensch gelesen,
Du, deren Asche man nur nicht vorhin mit Besen
auf einen Haufen kehrt, in der man sich bemüht,
zu suchen, wo Dein Graus – Flieht, trübe Jahre, flieht! –,
bist nach dem Fall erhöht, nach langem Ach genesen.

Gryphius meinte mit dieser Lobpreisung nicht ein erdachtes oder vorgestelltes geistliches und geistiges Rom, sondern ein gesehenes und erfahrenes weltliches und sinnliches Rom. Darum schloß er sein Sonett mit den Worten

Ade, man kann Euch nicht satt mit zwei Augen schauen[160]

und erklärte in einem weiteren Sonett unmittelbar nach der Rückkehr auf deutschen Boden:

Nun nach der röm'schen Pracht kaum was zu schauen fehlt.[161]

Aber Gryphius' augenscheinlicher Sinn für die Prachtentfaltung des modernen päpstlichen Rom schärfte sich durch das Gefühl für das verfallene Rom der heidnischen Vergangenheit und für das dunkle frühchristliche Rom der Märtyrer unter der Oberfläche der Erde und des gegenwärtigen Glanzes, von denen er wußte und die er auch aufsuchte und sah. Das Kolosseum, der mächtigste Baukörper der Antike, und die Katakomben, die ausgedehntesten unterweltlichen Grabstollen des Frühchristentums, wurden ihm zu Erlebnissen und

---

[160] Andreas Gryphius: Sonette. Buch 2. Nr. 41. Als Er auß Rom geschieden.

[161] Andreas Gryphius: Sonette. Buch 2. Nr. 43. An H. Johan Christoph von Schönborn über meine zurückkunfft nach Deutschland.

Sinnbildern der Vergänglichkeit.[162] Ein Sonett »Über die unterirdischen Grüfte der heiligen Märtyrer zu Rom« begann mit der Aufforderung an den fernen abwesenden Leser:

»Hier beuge Knie und Haupt!«[163]

und ein Zweizeiler »auf das zerbrochene Colosseum« lautete:

Auf diesem Platz, da vor die römischen Spiel' gepreiset,
Schau jetzt die Traurspiel' an, die Dir die Zeit ausweiset.[164]

An Poggios und an Gryphius' Einstellung zum antiken Rom knüpfte nach vielen Generationen Goethe an, als er nach Rom kam, wenige Jahre bevor das Ancien Régime in der Revolution von 1789 und in der Kanonade von Valmy 1792 zu Ende ging. In Rom war die päpstliche Initiative inzwischen der Lethargie gewichen. Paris schickte sich an, als neue Hauptstadt der Welt sich über Rom zu erheben.[165] Bereits 1770 bemerkte ein französischer Reisender, Rom gleiche mehr den großen französischen Provinzstädten als Paris selbst[166], gut ein Menschenalter später versuchte der Triumphator Napoleon, Rom architektonisch nachzuahmen und auszustechen. Rom aber blieb weltgeschichtlich die weitere Dimension vor der Imitation. Dieser Eindruck, der sich bis heute im Vergleich der Stadtbilder einstellt, bemächtigte sich am Ende des 18. Jahrhunderts Goethes, ohne daß er Paris je sah oder Zeuge seiner baulichen Neugestaltung durch die beiden Napoleon werden konnte.

Goethe erfuhr in Rom Veränderung »von Grund aus« und doch Dauer über die Zeit von mehr als zweitausend Jahren in Geographie,

---

162 Vgl. Willi Flemming: Andreas Gryphius, eine Monographie. Stuttgart usw. 1965. S. 53.

163 Andreas Gryphius: Sonette. Buch 2. Nr. 42. Vber die vnter jrrdischen Gruffte der Heiligen Martyrer zu Rom.

164 Andreas Gryphius: Epigramme. Buch 3. Nr. 80. Auff das zubrochene Collossaeum.

165 Victor Hugo: Le Rhin. Lettres à un ami. Paris 1875. T. 2. S. 333 nannte Rom das »Paris der antiken Welt« (1842). Vgl. dazu Friedrich Hebbel an Bamberg, 18. Oktober 1845. Heinrich von Treitschke: Deutsche Geschichte im 19. Jahrhundert. Bd. 1. 1928. S. 205 stellte Paris zur Zeit Napoleons I. Rom gleich (1879). Vgl. auch Friedrich Albert Lange: Panem et Circenses. Rhein- und Ruhrzeitung, Duisburg, 11. Dezember 1862. In: Lange: Über Politik und Philosophie. Briefe und Leitartikel 1862 bis 1875. Duisburg 1969. S. 404.

166 Joseph Jérome Lalande bei Ludwig Schudt: Italienreisen im 17. und 18. Jahrhundert. Wien, München 1959. S. 148.

Abb. 40 Goethe in der Campagna. Gemälde von J. H. W. Tischbein, 1787. Frankfurt, Städelsches Kunstinstitut

Architektur und Volksleben, und er fühlte sich dadurch als »ein Mitgenosse der großen Rathschlüsse des Schicksals«.[167] Der deutschrömische Maler Johann Heinrich Wilhelm Tischbein (1751–1829) hat dieses Selbstzeugnis seines Altersgenossen Goethe künstlerisch in seinem Gemälde »Goethe in der Campagna« (1786–88) verwirklicht, das sich heute im Städelschen Museum in Frankfurt am Main
Abb. 40 befindet. Die Szene zeigt Goethe in Reisekleidung auf Ruinen lagernd. Tischbein mochten die Gebärden Scipios in Karthago und Poggios in Rom geläufig sein, als er 1786 in einem Brief seine Absicht aussprach, Goethe zu malen, »wie er auf denen Ruinen sizet und über das Schicksal der Menschligen Wercke nachdencket«. Der mit Tischbein befreundete deutschrömische Maler Ludwig Strack erläu-

---

[167] Johann Wolfgang Goethe an das Ehepaar Herder, 10. November 1786. Werke. Abt. 4. Bd. 19. S. 26f.

terte den Plan des Künstlers 1787 in einem weiteren Brief. Er bestätigte, Tischbein wolle Goethe auf Ruinen ruhend »mit dem tiefdenkenden Blick über die Vergänglichkeit der Dinge« darstellen. Die baulichen Trümmer und Torsen, die Goethe umgaben, sollten vor dem Hintergrund der Stadt Tusculum, in der sich in der Antike Ciceros weltberühmter Landsitz befunden hatte, Beispiele der ägyptischen, der griechischen und der römischen Kunst darbieten, also einschließlich der mittelalterlich-neuzeitlichen Stadtszene im Hintergrund die Weltgeschichte der Kunst in Entsprechung zur Folge der Weltreiche (mit Ausnahme des ersten babylonischen) entwickeln. In der Endfassung führte Tischbein die Staffage nicht so aus, ohne aber den Grundgedanken des Motivs zu verändern. Er ist durch die Vereinfachung der Mittel und durch die Milderung der Lehrhaftigkeit sogar nur desto deutlicher ausgefallen. Die ägyptischen Baureste sind auf Tischbeins Bild entfallen. Die griechischen und römischen lassen sich ebensogut als Einheit wie als Verschiedenheiten betrachten. Turm, Mauer und Ruine im Hintergrund lassen sich nicht unzweideutig auf Antike, Mittelalter oder neuere Zeit beziehen[168], sondern sie bilden einen Zusammenhang und Übergang zwischen festen Bauwerken und Ruine.

Es war durchaus zeitgemäß, daß Tischbein Goethe vor dieser Ruinenlandschaft nicht in weltpolitischer oder humanistisch-literarischer Gebärde darstellte, wie es dem römischen Feldherrn Scipio und dem päpstlichen Sekretär Poggio bildlich angestanden hätte, sondern als Kunstreisenden. Denn die Besucher Roms waren am Ende des 18. Jahrhunderts nicht mehr Besucher der ehemals römischen und nun päpstlichen politischen Haupt- und Weltstadt, sondern sie – und mit ihnen Goethe – suchten in Rom eine Kunststadt auf, in der die Geschichte und Gegenwart der Kunst der Welt wie nirgends sonst zu bewundern, zu studieren, zu erlernen und auszuüben war.[169] So veränderte sich Rom in der Epoche des Verfalls im 18. Jahrhundert aus

---

[168] Johann Heinrich Wilhelm Tischbein an Lavater, 9. Dezember 1786, Ludwig Strack an Merck, 30. Juni 1787 bei Ernst Schulte-Strathaus: Die Bildnisse Goethes. München o.J. Nr. 65. S. 33ff. (Goethes Werke. Propyläenausgabe. Erg.- Bd.)

[169] Vgl. Ludwig Tieck: Franz Sternbalds Wanderungen. Eine altdeutsche Geschichte. Berlin 1798. z.B. Bd. 1. Buch 1. Kap. 1.

einer kirchenpolitischen Hauptstadt in eine kunstpolitische, ähnlich wie sich West-Berlin nach dem Zweiten Weltkrieg und nach dem Bau der Mauer im Jahr 1961 aus der ehemaligen Hauptstadt des Deutschen Reichs in eine »geistige Hauptstadt« verändern sollte. Ein deutscher »Almanach aus Rom«, der die dort tätigen deutschen Künstler verzeichnete, nannte die Stadt am Tiber 1810 die »Künstlerhauptstadt der neueren europäischen Welt«.[170]

Währenddessen drang an der Epochenscheide nach dem Zusammenbruch des Ancien Régime und seines Überwinders Napoleon angesichts Roms im 19. Jahrhundert wieder eine elegische Stimmung durch. Der vollständige Verfall der Stadt und des Kirchenstaats wurde nördlich der Alpen sofort registriert. Friedrich Schiller erklärte im Jahr 1803, er wolle Rom gern besuchen, wenn er nur wüßte, was er dort solle. So wie man in Rom nichts von Dichtung verstünde, verstünde er nichts von Kunst, und so bleibe kein sehenswerter Rest: »Den physischen Zustand will niemand rühmen, der von dorther kommt«, schrieb Schiller.[171] Ein Jahr später erklärte Wilhelm von Humboldt 1804, nach etwa dreijährigem Aufenthalt, in Rom herrsche derzeit eine göttliche Anarchie und eine himmlische Wüstenei, und solange es darin verharre, »bleibt für die Schatten Platz, deren einer mehr wert ist als dies ganze Geschlecht«. Nichts erschien Humboldt schrecklicher als der Gedanke, Rom könne zu einer ordentlichen Großstadt werden, deren saubere Vorstädte sich in die Campagna ausdehnten, wie das damals in Nord- und Mitteleuropa durch das Wachstum der größeren Städte geschah.[172] Humboldts Nachfolger als preußischer Gesandter in Rom, der Althistoriker Barthold Georg Niebuhr, Verfasser eines grundlegenden Werks über die Frühgeschichte des antiken Roms, traf Rom bei seiner Ankunft im Jahr 1816 so daniederliegend an, daß er unter, neben und hinter den Trümmern und Ruinen des päpstlichen Rom aus neuerer Zeit die Ruinen der antiken Vergangenheit gar nicht mehr wahrnahm: »Rom

[170] Almanach aus Rom für Künstler und Freunde der bildenden Kunst. Hrsg. von F. Sickler und C. Reinhart. Leipzig 1810. Jg. 1. S. 265.

[171] Friedrich Schiller an Christian Reinhart, 7. März 1803.

[172] Wilhelm von Humboldt an Goethe, Marino 23. August 1804. Vgl. Wilhelm Waetzoldt: Das klassische Land. Wandlungen der Italiensehnsucht. Leipzig 1927. S. 22.

sollte gar nicht diesen Namen tragen, sondern höchstens Neu-Rom (wie New-York) heißen.« Niebuhr hatte dabei vor allem die römischen Bauwerke des 16. und 17. Jahrhunderts vor Augen. Hierauf war es gemünzt, als er fortfuhr: »Es ist eine ganz fremdartige, auf einem Theil des Bodens der alten erwachsene neue Vegetation, so modern und unbedeutend wie möglich, ohne Nationalität, ohne Geschichte.« Dieses moderne Rom traf Niebuhr 1816 kahl, leer und entzaubert an. »Für Schwermuth ist Rom ein tödtender Ort, da es gar keine lebendige Gegenwart darin gibt, bei der es der Wehmuth wohl werden kann: die Gegenwart ist widrig«, schrieb er im Herbst 1816, und bald darauf: »Rom ist schrecklich verfallen.«[173] Die einfache und kompakte Formel, die zuerst Niebuhr fand, beherrschte die Diskussion im 19. Jahrhundert, bis der italienische Nationalstaat sich im letzten Drittel des 19. Jahrhunderts daran machte, seine neue Hauptstadt Rom zu modernisieren. Die Beseitigung des Kirchenstaats blieb nach seiner Wiederherstellung seit 1815 unvergessen. Die päpstliche Herrschaft über Rom wirkte nun als korruptes Scheinwesen. Der Wiener Franz Grillparzer (1791–1872) nannte Rom 1819 tot und einen – wenn auch herrlichen – Leichnam[174], der Dithmarscher Friedrich Hebbel (1813–63), der sich anschließend in Wien niederließ, sprach vom Scherbenberg der Welt[175], der junge Theodor Barth (1849–1909) aus Duderstedt bei Hildesheim sah in Rom 1868 ein Grab der Vergangenheit[176] und der Pariser Émile Zola (1840–1902) stellte Rom 1896 bald als eine tote, bald als eine sterbende Stadt dar.[177] Der Ton ändert sich kaum oder nur in einem

173 Lebensnachrichten über Barthold Georg Niebuhr. Hamburg 1838. Bd. 2. S. 249, 252, 255. 16. Oktober, 17. Oktober, 20. November 1816 in drei verschiedenen Briefen. Zum Folgenden vgl. auch Heinrich Smidt: Deutsche Romfahrer von Winkelmann bis Böcklin. Ein Jahrhundert römischen Lebens in Tagebuchblättern und Briefen. Leipzig 1903; Friedrich Noack: Das Deutschtum in Rom seit dem Ausgang des Mittelalters. Stuttgart usw. 1927. Bd. 1, 2; Beatrice Marr-Schelker: Baslerische Italienreisen vom Beginn des 18. bis in die zweite Hälfte des 19. Jahrhunderts. Basel, Stuttgart 1970.

174 Franz Grillparzer: Tagebuch der Reise nach Italien, 1819. Venedig.

175 Friedrich Hebbel: Tagebuch. Bd. 3. S. 210. Nr. 4022, 10. März 1847. Bd. 4. S. 140. Nr. 5721, 13. Oktober 1859.

176 Georg Gothein: Theodor Barth. In: Biographisches Jahrbuch 14. 1909. S. 340.

177 Emile Zola: Les Trois Villes. 2: Rome. Paris 1896.

Punkt. Seit der Begründung des Königreichs Italien und der Wahl Roms zu seiner Hauptstadt im Jahr 1870 bildet sich wieder die Vorstellung von der Doppelstadt Rom, in der Vergangenheit und Gegenwart einander gegenüberstanden, ohne daß die Gegenwart die Vergangenheit wie in andern Städten abgelöst hatte. Die zweite neue Erfahrung des 19. Jahrhunderts war das Erlebnis, eine ehemals blühende und mächtige Stadt von Auszehrung betroffen zu sehen. Man fand das Lebewesen unversehens in ein Kunstwerk verwandelt vor und schaute es so wie ein in einem Bernstein eingeschlossenes Insekt oder Blatt erstorben und unveränderlich an. Diese Erfahrung machte man in Deutschland andeutungsweise am Ende des 18. Jahrhunderts an Augsburg, das damals durch das Ende der Bedeutung Venedigs im Welthandel aufhörte, die Verbindung zwischen Venedig und dem Reich zu organisieren. Troja fuit! rief 1778 der Journalist Wekhrlin beim Anblick Augsburgs aus, dessen Einwohnerzahl stark gesunken war.[178] Was man im 18. Jahrhundert abgeleitet an Augsburg bemerkt hatte, das lernten deutsche Künstler und Touristen beim Besuch der Traum- und Märchenstadt Venedig im 19. Jahrhundert unmittelbar erfahren. Freilich verspätet, denn Venedigs Niedergang war längst besiegelt. Wohl die erste Stimme, die auf den Niedergang Venedigs vorauswies, erhob Martin Luther 1532 in der mitteldeutschen Kleinstadt Wittenberg. Während die Weltstädter Philippe de Commynes (1447–1511) aus Paris, der französische Gesandte in Venedig, und Albrecht Dürer (1471–1528) aus Nürnberg den Glanz der Stadt in Wort und Bild verkündeten, während die Briefe der Dunkelmänner 1520 die Weltstädte Paris, Venedig und Rom in eine Reihe stellten und während Erasmus von Rotterdam Venedig 1523 das glänzendste Theater von ganz Italien nannte, sprach Luther in Wittenberg von der Reihenfolge und Zerstörung der vier Monarchien und fortfahrend abschätzig von Venedig, oder er knüpfte an die Unterhaltung über den Untergang der Städte Jerusalem, Karthago, Athen und Rom Betrachtungen über das derzeit glänzende Venedig und seine Gleisnerei in Gesinnung und Tat.

Es dauerte danach fast 300 Jahre, bis der prophetischen Andeutung

---

[178] Franz Herre: Das Augsburger Bürgertum im Zeitalter der Aufklärung. Augsburg, Basel 1949. S. 11.

Luthers die eindeutige Beobachtung folgte und dieser sogleich eine Vielzahl von Wahrnehmungen.[179] Der Untergang der Republik Venedig in der napoleonischen Zeit machte den Niedergang der Stadt für jedermann offenkundig und bestätigte ihn. Es waren vor allem die Nordeuropäer, die das Kaleidoskop Venedig nun nicht mehr überzeugte und die glaubten, hinter dem bunten Bild ein Nichts wahrzunehmen. Ihr Blick wurde geschärft durch den Stillstand der großen Ostseehäfen, denen die Nordseehäfen seit Beginn der freien Schifffahrt nach Amerika (1783) und seit Napoleons Kontinentalsperre (1806–13) den Rang abliefen. Ernst Moritz Arndt (1769–1860) aus Rügen, seit 1800 Privatdozent in der Seestadt Greifswald, nannte Venedig bereits 1801 einen Klumpen Antiquitäten und sagte vom Venetischen: »Jetzt hat es selbst aufgehört, als Gespenst, als ehrwürdiger Schatten eines alten Heldenkörpers dazustehen.«[180] 1818 kündigte der Londoner Lord Byron (1788–1824) in einer großen »Ode an Venedig« den Zerfall der Stadt an.[181] Er nannte Venedig zermalmt und wies auf seine Gegenwart,

»jene dunklen Flecken,
Den Rost, der ein verwesend Volk zerfrißt,
Wann nackt das Laster zeigt all seine Schrecken,
Wann Lächeln Gift und Freude Wahnsinn ist,
Und Hoffnung nichts als trügerische Frist,
Der letzte Aufblitz auf dem Sterbebette,
Wann Ohnmacht, unsrer Schmerzen letztes Kind,

---

[179] Philippe de Commynes: Mémoires. Edité par Joseph Calmette. Paris 1925. T. 3. 1484–1498. S. 106ff.; Albrecht Dürer: Apokalypse, 1498. 2. Aufl. 1511. Vgl. dazu Rudolf Chadraba: Dürers Apokalypse. Eine ikonologische Deutung. Prag 1964. Epistolae obscurorum virorum. Hrsg. von Aloys Bömer. Heidelberg 1924. Bd. 2. S. 122. Pierre de Nolhac: Érasme en Italie. Étude sur un épisode de la Renaissance. Paris 1888. S. 31. Martin Luther: Tischreden. Bd. 2. 1913. S. 608f. Nr. 2709. Bd. 5. 1919. S. 516. Nr. 6156. Vgl. Ludwig Fränkel: Um Städte werben und Verwandtes in der deutschen Dichtung des 16. und 17. Jahrhunderts nebst Parallelen aus dem 18. uns 19. In: Zeitschrift für deutsche Philologie 22. 1890. S. 341.

[180] Venedig. Briefe, Berichte und Bilder aus vier Jahrhunderten. Dresden 1938. S. 147, 150.

[181] Byron: Ode on Venice. In: Byron's Poems. Ed. by V. de Sola Pinto. London, New York 1963. Vol. 1. S. 191–195, hier nach der Übersetzung von Otto Gildemeister in Byron: Werke. 5. Aufl. Berlin 1903. Bd. 3. S. 196–200.

Der bange Anfang einer graus'gen Wette,
Des strauchelnden Wettlaufs, den der Tod gewinnt,
Wann Ohnmacht Puls um Puls dem Kranken stiehlt
und doch so täuschend den Erlöser spielt...«

Gegen Ende seiner Dichtung sagte Byron:

»...O besser, ewig besser,
Daß jedes Manns Herzblut wie Berggewässer
Hinfließ' und überfließ', als daß die Flut
Durch tausend träge Aderröhren schleiche,
Verdämmt wie ein Kanal durch Schleus' und Deiche,
Drei Schritte, wie der Krank' im Schlafe tut,
Vorgehend und dann stockend!«

Es wurde eine Frage des Ausdrucks und des Ausdrucksvermögens, wie Spätere den Eindruck faßten, den Venedig ihnen machte. Denn die Befunde stimmten seitdem überein. War für den bayrischen Lyriker Platen (1796–1835) 1825 Venedig durch seinen Fall in ein Land der Träume entrückt und war es nur noch Schatten seiner Vergangenheit[182], so sprach der aus Hamburg gebürtige norddeutsche Komponist Felix Mendelssohn (1809–47) 1830 drastisch von einem Leichenstein.[183] Hebbel erklärte 1856: »Versunkene Pracht und nothdürftige Restauration des Einzelnen ohne Sinn für das Ganze: der Tod mit Manschetten!«[184]

Abb. 41 In der romantischen Lyrik bildete angesichts Venedigs die Reihe Wasser, Nacht, Mond, Schauer der Vergangenheit eine Verbindung des Todes- und Liebesmotivs aus und führte so zu einem seelischen Grundmotiv, um es in Kraft zu setzen. Das geschah zuerst in Anastasius Grüns (1806–1876) Gedicht »Gondelfahrt« in den »Erinnerungen an die Adria« aus dem Jahr 1829. In seinem Gedicht »Venedig« aus dem gleichen Jahr brachte Grün, später ein wohlbestallter österreichischer Grundbesitzer und Politiker, den Eindruck des Verstummens und der Verödung von Stadt und Meer in Zu-

---

[182] August von Platen: Sonnette, 1825. Venedig. Vgl. L. Sauzin: August von Platen et ses sonnets Vénitiens. In: Venezia nella letteratura moderna. A cura di Carlo Pellegrini. Venezia 1961. S. 150–161.

[183] Felix Mendelssohn-Bartholdy: Brief an die Familie, 8. November 1830.

[184] Friedrich Hebbel: Tagebuch Bd. 4. S. 96 Nr. 5519, 10.–16. September 1856.

Abb. 41 Venedig, Blick auf den Markusplatz

sammenhang mit der Hoffnung auf das Zauberwort des Retters, das den Steinsarg Venedig wieder aufsprengte. Der Wunsch der Wiedergeburt oder der Wiederbelebung des prachtvollen Steinbaukastens Venedig fand auch auf andere Weise Ausdruck. Der Maler Wilhelm von Kaulbach (1805–1874) versetzte sich 1835 »wie ein Träumer« in Venedig um dreihundert Jahre zurück [185] und erlebte es so mit Intensität. Nach den Formeln der Märchenstadt, der Traumstadt und der Feenstadt prägten die Pariser Brüder Goncourt 1860 von

185 Josefa Dürck-Kaulbach: Erinnerungen an Wilhelm von Kaulbach und sein Haus. München 1921. Juni 1835.

Venedig das Bild der Nachtstadt, einer Stadt der Einbildung und des Traums.[186] Seit Industrialisierung und Reichsgründung sahen Besucher aus Deutschland in Venedig eine Märchenwelt, die im harten Licht der Gegenwart verdämmerte, eine Greisin, die versuchte, Jugend zu versprechen, aber nur Träumer täuschte. So sahen es der Wahlmünchener Paul Heyse[187] und der Schweizer Conrad Ferdinand Meyer.[188] Die Auskunft Thomas Manns, daß die Stadt krank sei und krank mache, setzte 1911 einen Schlußpunkt.[189] Denn damit waren Anziehung oder Sucht und Flucht oder Abwehr in gleicher Weise bezeichnet. Mit Flucht oder Abwehr hatte bereits Byron geendet, als er 1818 seine Ode auf Venedig mit den Worten schloß, es sei besser aus Venedig nach Übersee zu

»fliehn auf Bahnen
Des Meers, ein neuer Strom den Ozeanen,
Ein Erbe mehr des Geistes unsrer Ahnen,
ein Bürger mehr für Dich, Amerika!«

Es waren hauptsächlich Seestädter und Meereskundige aus Nordeuropa und Residenzstädter, die inmitten Europas in Hauptstädten wie Wien, Paris und vor allem München lebten, die sich vom Thema des Niedergangs Venedigs fesseln ließen und sich damit literarisch beschäftigten. Ob dabei der Hintergrund erfahrenen Niedergangs oder die Perspektive möglichen oder erwartbaren Niedergangs der Städte, in denen die Darsteller lebten und mit denen sie verwachsen waren, das Interesse aktivierte, ist nicht geradezu beweisbar. Aber es ist naheliegend, daß es so war. Das gilt seit der Julirevolution von 1830 besonders für die Residenzstädte Wien und München. Denn ihre Bürger konnten ihren Blick seitdem nicht dem vor ihnen niedergehenden Venedig zuwenden, ohne im Rücken das hinter ihnen aufgehende Berlin, die Hauptstadt Preußens, zu wissen und zu spüren. So waren es eigentlich die Menschen, die mit geschichtlicher Analogie an die Erscheinung Venedigs herantraten, und die Menschen, die auf

---

[186] Edmond und Jules Goncourt: Journal, 6. September 1860. T. 4. S. 73.
[187] Paul Heyse: Städtebilder. 1872. Venedig.
[188] Conrad Ferdinand Meyer: Venedig (nach 1871–72). Vgl. Martin Greif: Naturbilder, 1868. Venedig.
[189] Thomas Mann: Der Tod in Venedig, 1911.

einem Scheitelpunkt in einer Mitte zwischen Aufstieg und Niedergang lebten, die im 19. Jahrhundert melancholische Beobachtungen über Venedig machten und sie äußerten. Für die Berliner und die Petersburger lag diese Einstellung damals ferner; denn sie hatten im Ostseeraum in ferner und jüngerer Vergangenheit nähere Bezugspunkte. Wenn die Darsteller Petersburgs und Berlins aber auf Venedig achteten, so achteten sie darauf, um sich mit seiner Blüte zu identifizieren und nannten die eigene Stadt dementsprechend »nordisches Venedig« oder »Venedig des Nordens«. Nun stehen diese Bezugnahmen keineswegs allein. Die Vergleiche einer Stadt mit Venedig blieben in Europa weder auf bestimmte Städte noch auf eine bestimmte Epoche begrenzt.

Ursprünglich war das blühende Venedig ein Vorbild für aufblühende Städte, zumal für solche, die rundum durch Wasser erschlossen und gesichert waren und die ein System von Flüssen und Kanälen und Häfen aufwiesen, das dem Venedigs ähnelte. Der Vergleich eignete sich für See- und Flußstädte. Er wurde angewandt im 14. und 15. Jahrhundert auf Brügge[190], im 15. und 16. Jahrhundert auf Straßburg[191], im 17. Jahrhundert auf Augsburg[192] und auf Breslau[193], im 18. Jahrhundert auf Nürnberg[194] und auf Amsterdam[195], im

---

190 Wolf Schneider: Überall ist Babylon. Die Stadt als Schicksal des Menschen von Ur bis Utopia. Düsseldorf 1960. S. 216.

191 Aeneas Silvius (d.i. Enea Silvio Piccolomini): Germania, Jakob Wimpfeling: Responsa et replicae ad Eneam Silvium. Hrsg. von Adolf Schmidt. Köln, Graz 1962. Buch 2. Kap. 7 für 1457–58; Don Antonio de Beatis: Voyage du Cardinal d'Aragon en Allemagne, Hollande, Belgique, France et Italie (1517–18). Avec . . . des notes par Madeleine Havard de la Montaigne. Paris 1913. S. 57; Paul Hentzner: Itinerarium Germaniae, Galliae, Angliae, Italiae. Norimbergae 1612. S. 9 für 1596; Ein spätes Zeugnis bietet Victor Duruys: Causeries de Voyage de Paris a Vienne. Paris 1864. S. 56 für 1860.

192 Paulus Melissus (Schede) in Nicolaus Reusner: Urbes imperiales. Accessit Emporium Francofordiense Henrici Stephani. Francofurti ad Moenum 1651. S. 95 für die Zeit vor 1602.

193 Wenzeslaus Clemens: Anagrammata in Gustav Türk: Lateinische Gedichte zum Lobe Breslaus. In: Zeitschrift des Vereins für Geschichte und Altertum Schlesiens. 36. 1901. S. 114 für 1626.

194 La Galerie agreable du monde. Leide o. J. (nach 1713). T. 1. S. 12.

195 Joshua Reynolds an Burke, 21. August (1781). In: Künstlerbriefe aus dem 19. Jahrhundert. Hrsg. von Else Cassirer. Berlin 1923. S. 426.

19. Jahrhundert auf Hamburg[196] und auf Kopenhagen[197] und im 20. Jahrhundert auf New York.[198]
Zu diesen aktuellen Vergleichen gesellten sich im 19. und 20. Jahrhundert historische und touristische. Der Wiener Dichter Grillparzer verglich Prag 1826 bei einem Besuch der Stadt mit Venedig, das er ein Jahrzehnt früher kennengelernt hatte, und berief sich dafür auf das gemeinsame Kennzeichen der historischen Kontinuität: »Es ist hier etwas, das an Venedig erinnert, das Fortlebende nämlich, das Altertümliche zwischen und neben dem Neuen.«[199] Hauptsächlich in historischem Zusammenhang erhielten im 20. Jahrhundert auch die Hansestädte Danzig und Lübeck bei Rückblicken auf ihre vergangene Blütezeit den Ehrentitel eines nordischen Venedig. Der in Lübeck geborene Thomas Mann schrieb 1926:

> Nein, nicht leugne man mir geheimnisvolle Beziehung
> Zwischen den Handelshäfen, den adligen Stadtrepubliken,
> Zwischen der Heimat nicht und dem Märchen,
> dem östlichen Traume.[200]

Seit im letzten Drittel des 19. Jahrhunderts die allgemeine Italientouristik aufkam und zuerst breite Schichten des adeligen und bürgerlichen Mittelstandes, dann weitere Kreise erfaßte, wurde Venedig ein volkstümlicher Begriff. In der Mitte des 19. Jahrhunderts bildete ein Aufenthalt in Italien »noch ein ganz besonderes Ereignis im Leben eines Deutschen«.[201] Ein Menschenalter später kam nach

---

[196] Friedrich Hebbel: Reiseeindrücke 3. Reisebriefe 2. 1853. In: Hebbel: Sämtliche Werke. Bd. 10. 1904. S. 196. Ein spätes Zeugnis bietet Frankfurter Allgemeine Zeitung Nr. 235, 10. Oktober 1970.

[197] Wilhelm Gentz an seine Frau, 5. August 1874. Theodor Fontane: Wanderungen durch die Mark Brandenburg. Bd. 1. Die Grafschaft Ruppin. Kap. Wilhelm Gentz 4.

[198] Bernhard Kellermann: Der Tunnel. Berlin 1913. S. 23.

[199] Franz Grillparzer: Tagebuch auf der Reise nach Deutschland, 23. August 1826. In: Grillparzer: Sämtliche Werke. Hrsg. von Moritz Necker. Leipzig o.J. Bd. 16. S. 176.

[200] Volkskalender für das Jahr 1933. Danziger Bote. Hrsg. Carl Lange. Blatt 17; Ahasver von Brandt: Geist und Politik in der lübeckischen Geschichte. Acht Kapitel von den Grundlagen historischer Größe. Lübeck 1954. S. 147; 7. Der Untergang der Polis als Großmacht. Lübeck und Venedig im 16. Jahrhundert. 1. Athen, Venedig, Lübeck S. 147–151. 2. Die politische Wende um 1500. S. 151–189.

[201] Friedrich Trendelenburg: Aus heiteren Jugendtagen. Berlin 1924. S. 21.

Fontanes Meinung bereits jeder Dritte bis Rom und Neapel.[202] Zwei weitere Menschenalter später verleidete »der konventionelle Enthusiasmus der Spießer«, die auf der Hochzeitsreise waren, Klaus Mann Venedig, Rom, Florenz und Capri.[203] Für die Daheimgebliebenen und die Zurückgekehrten fand man gleichzeitig touristische und unterhaltsame Analogien. Den Anfang machte man in den Großstädten, die das größte Kontingent der Italienreisenden und Italiensüchtigen stellten. Theodor Fontane entdeckte 1881 im letzten Band seiner »Wanderungen durch die Mark Brandenburg« im Spreewald »den Zauber von Venedig« und nannte das Spreewalddorf Lehde »eine Lagunenstadt im Taschenformat, ein Venedig«.[204] In Wien legte man am Ende des 19. Jahrhunderts einen Vergnügungspark so an, daß er als Venedig firmierte.[205] Seit den dreißiger Jahren des 20. Jahrhunderts entdeckte man in Mitteleuropa regionale Venedigs und lokale Klein-Venedigs in Fülle, um historische Stätten und pittoreske Fluß- und Kanalszenen in Fluß- und Seestädten zu charakterisieren und aufzuwerten. Das geschah z. B. 1936 für Innsbruck[206], 1941 für Erfurt[207] und in der Zeit seit dem Ende des Zweiten Weltkrieges in einer wahren Inflation der Vergleiche für Bremen, für Lindau, für Wolfenbüttel, für Bamberg, für Passau und für Kolmar im Elsaß.[208]

---

202 Theodor Fontane: Wanderungen durch die Mark Brandenburg. Bd. 3. Havelland. Kap. Wer war er?

203 Klaus Mann: Der Wendepunkt. Ein Lebensbericht. Frankfurt am Main 1952. S. 169.

204 Theodor Fontane: Wanderungen durch die Mark Brandenburg. Bd. 4. In den Spreewald. Kap. Lehde.

205 Ulysse Robert: Voyage à Vienne. Paris 1899. S. 37.

206 Alois Brandl: Zwischen Inn und Themse. Lebensbeobachtungen eines Anglisten. Alt-Tirol, England, Berlin. Berlin 1936. S. 186.

207 Edwin Redslob: Des Reiches Straße. Der Weg der deutschen Kultur vom Rhein nach Osten dargestellt auf der Strecke Frankfurt-Berlin. 2. Aufl. Leipzig 1941. S. 186.

208 für Lindau Friedrich Metz: Die Reichsstädte. In: Beiträge zur Wirtschafts- und Stadtgeschichte. Festschrift für Hektor Ammann. Hrsg. von Hermann Aubin u.a. Wiesbaden 1965. S. 41; für Bamberg Merian Bamberg Heft 2/22. 1969. S. 21; Der Tagesspiegel Berlin Nr. 8453, 6. Juli 1973; Erich Kuby: Autoschlangen zerreißen Bambergs Altstadt. In: Stern Nr. 43, 18. Oktober 1973; für Passau Der Tagesspiegel

Von dieser touristischen Wertung und diesen Beispielen eines Konsums von Geschichte heben sich die Vergleiche Venedigs mit Petersburg und Berlin ab. Sie hatten tatsächlich eine historische Dimension und einen historischen Sinn. Es scheint, daß beiden Städten der Vergleich von Besuchern aus dem Westen zuteil wurde. Er findet sich für Petersburg 1845 bei dem Bremer Reiseschriftsteller Johann Georg Kohl[209] und 1856 bei dem Berliner Reiseschriftsteller und Militär Helmuth von Moltke (1800–1891),[210] für Berlin 1860 bei den Pariser Schriftstellern Goncourt, die Berlin als eine Totenstadt wie Venedig empfanden, und 1912 bei dem belgischen Gesandten Beyens aus Brüssel[211]. Seitdem ist er für beide Städte von Zeit zu Zeit gebraucht worden und läßt sich weiterhin gebrauchen, heute aber nur noch touristisch. Wie die frühe Neuzeit Venedig brachte das 20. Jahrhundert Petersburg und Berlin das Ende ihres Vorrangs und bedrohte sie mit Zerstörung. Wie einst Weltmeere Binnenmeere entwertet und dadurch Venedigs Blütezeit beendet hatten, so entwertete im 20. Jahrhundert die Luftfahrt die See- und Landfahrt und beendete dadurch Petersburgs und Berlins Blütezeit. Wie sich die Republik Venedig im 17. Jahrhundert hatte beugen müssen, so beugten sich im 20. Jahrhundert die Residenz- und Hauptstädte der europäischen Herrscherhäuser und Nationalstaaten von Weltrang den Zentralen der Weltmächte. Aus Petersburg wurde nach dem Ersten Weltkrieg Leningrad, aus Berlin nach dem Zweiten Weltkrieg die Hauptstadt der DDR und West-Berlin.

Berlin Nr. 8729, 2. Juni 1974; für Bremen, Wolfenbüttel, Kolmar: mündliche Überlieferung über eine Häuserzeile an der Weser (1948), Postkarte, Anschlagtafel.

209 J(ohann) G(eorg) Kohl: Petersburg in Bildern und Skizzen. 2. Aufl. Dresden, Leipzig 1845. Th. 1. S. 37, 79. Die erste Auflage erschien 1841.

210 (Helmuth von) Moltke in seinen Briefen. Berlin 1902. Th. 2. S. 40, 15. August 1856. Weitere Vergleiche bieten G. (K.) Lukomskij: St. Petersburg. Eine Geschichte der Stadt und ihrer Baudenkmäler. München 1923. S. 5; Oda Schäfer: St. Petersburg 1914. In: Die Welt. Nr. 33, 8. Februar 1969.

211 Edmond et Jules Goncourt: Journal. Mémoires de la vie littéraire. Monaco 1956. T. 4. S. 73, 6. September 1860; Baron Beyens: Deux années à Berlin 1912–1914. Paris 1931. Vol. 1. S. 47. Neuerdings Hans Scholz in Der Tagesspiegel Berlin Nr. 8527, 30. September 1973.

8. *Die Ruinendarstellung*

Die Ruine hat Bauherren und Künstler in Europa seit der frühen Neuzeit gefesselt, zuerst als Staffage, dann als eigener selbständiger Vorwurf. Vom Stall von Bethlehem bis zu den Nachbildungen antiker Ruinen gab es dafür seit dem 15. Jahrhundert ein breites Feld der Nachbildung und Herstellung.[212] Wie entstand eine Neigung für dieses Thema und wie die Vielfalt seiner Durchführungen?
Es war ein einschneidender Wandel, daß die Renaissance das Altertum getrennt vom Mittelalter erfaßte und danach trachtete, das Mittelalterliche davon zu lösen und aus dem Mittelalterlichen das Antike wieder herauszuschälen. Das Mittelalter hatte die erhaltenen antiken Baukörper umfunktioniert und integriert oder sie beiseite liegen lassen und als Steinbrüche benutzt. Die Renaissance brachte die Antike wieder zum unmittelbaren neuen Leben und ging darum über die historischen Zwischenglieder, Fortsetzungen und Überlagerungen auf die Ursprünge zurück, auf die es ihr allein und musterhaft ankam. Diese Ursprünge konnten nur kanonisch gesetzt werden durch einen Begriff des Klassischen, der in den Ursprüngen Muster und die Ursprünge in Mustern suchte. Damit aber wurde die Ruine zu einem unmittelbaren Gegenstand des Interesses. Späterer Zutaten entkleidet und im Geist wiederhergestellt lieferte sie sowohl von der Blüte wie vom Verfall der Antike eine Vorstellung. Gleichzeitig suchte man in derartigen historischen Beispielen Anschauungsmaterial und Muster für die eigene Bautätigkeit.
Der Entkleidung des Überlieferten zur Ruine entsprach die Herstellung der Ruine nach antikem Muster, der Suche nach dem Muster die Herstellung der Illusion. Die Entstehung der Manier, Ruinen herzustellen, hing in der frühen Neuzeit eng zusammen mit der

---

212 Paul Zucker: Ruins. An aesthetic hybrid. In: The Journal of Aesthetics and Art Criticism 20. 1961. S. 121 Abb. 1, 128 Abb. 11. Vgl. Leandro Ozzola: Le rovine romane nella pittura del XVII e XVIII secolo. In: L'Arte 16. 1913. S. 112–130. Vgl. Hans Tintelnot: Barocktheater und barocke Kunst. Berlin 1939. S. 215ff. Weitere Literatur nennt Brockhaus Enzyklopädie. 17. Aufl. 16. 1973. S. 221.

Praxis der Schaffung von Theater- und Festdekorationen für herrschaftliche Veranstaltungen. Wer die glänzende Weltstadt als Theater betrachten konnte, konnte auch vom Theater aus zum Begriff der Stadt gelangen. Die Gesellschaft, die sich durch das Theater unterhielt und mit ihm Erfahrung hatte, hatte auch ein Interesse an einer theatermäßigen, perspektivischen Baukunst. So fanden sich Politiker und Humanisten in einer instrumentalen und bereinigten Liebhaberei für antike Norm und eine Anwendung, die frei von Illusion war, indem sie sich ihrer bewußt war. Der moderne, vom Mittelalter abgelöste elitäre Mensch wählte sich die Antike als Kulisse seiner selbst. Dadurch, daß er dies tat, drückte er seine Ungewöhnlichkeit und – mit antiken Mitteln – seine Modernität aus. Das war von Anfang an der Inhalt und Sinn des Klassizismus, und das blieb sein Inhalt und Sinn von der Renaissance bis zu Goethe, Wilhelm von Humboldt und Späteren.

Zu Anfang des 16. Jahrhunderts baute der Theater- und Festdekorateur des Hofes von Urbino Girolamo Genga im Park von Pesaro ein Wohnhaus zuerst als Ruine. Das berichtet Vasari. Dieses Experiment gehört in eine Reihe mit den großen literarischen Experimenten der Zeit, die sich auf die Antike beriefen und bezogen. Denn was sind Thomas Mores Utopia und Machiavellis Principe anderes als Montagen nach antikem Muster, die an der politischen Wirklichkeit der Zeit gemessen, klassizistische Fragmente und Entwürfe darstellten?[213]

Im 16. und 17. Jahrhundert fand die Wendung in ein barockes Pathos statt. Die Eitelkeit des Irdischen wurde durch Gegensätze von Leben und Tod, Bauwerk und Ruine demonstriert. Beispiele dafür bietet die Dichtung und die bildende Kunst. Am Anfang steht die Bildfolge des Niederländers Vredeman de Vries (1527–1604) über das »Theater des menschlichen Lebens« aus dem Jahr 1577. Der zusammenbrechende Greis vor Trümmern einer Stadt, aus denen ein Brand

---

213 Antonio Pinelli, Orietta Rossi: Genga architetto. Roma 1971. besonders S. 339–343. Vgl. Giorgio Vasari: Die Lebensbeschreibungen der berühmtesten Architekten, Bildhauer und Maler. Nr. 139. Straßburg 1927. Bd. 7. H. 2. S. 50. Zur geschichtlichen Epoche vgl. Rolf Engelsing: Sozial- und Wirtschaftsgeschichte Deutschlands. 2. Aufl. Göttingen 1976. S. 98.

aufschlägt, verdeutlichen auf einem Blatt der Bildfolge in zweifacher Durchführung die Vorstellung des Endes.[214] Völlig für sich steht zu Anfang des 17. Jahrhunderts der »surrealistische« Maler Monsu Desiderio aus Metz. Außer dem »Brand von Sodom«, der bereits erwähnt wurde, und Darstellungen vom Untergang Trojas malte Monsu Desiderio die Bilder »Brand« mit der eindringlichen Darstellung einer nicht näher bezeichneten brennenden Stadt sowie »Enthauptung« und »Das Schweigen«, die zusammenbrechende Trümmer und Trümmerstätten darstellten. Der Symbolismus der Bilder ist durchdringend, ohne aufdringlich zu sein, er ist kein äußeres Stil- und Ordnungsmerkmal, sondern er wirkt von innen.[215] Im 18. Jahrhundert schufen die römischen Künstler Giovanni Paolo
Abb. 42 Pannini (1691–1765) und Giambattista Piranesi (1720–1778) Serien von Nachbildungen antiker, vor allem römischer Ruinen.[216] Sie waren bereits für die Zeitgenossen populäre Produkte und verdeutlichen bis heute den Sammlern und Liebhabern Erinnerung und Schaudern in populärer Weise. Zur gleichen Zeit wurden die Berichte englischer Orientreisender über die Ruinen von Palmyra in Europa bekannt, die seit dem 17. Jahrhundert besucht wurden[217]; und im Königreich Neapel wurden die Ausgrabungen in Pompeji und Herculaneum staatlich organisiert. Auch hierbei handelte es sich von Anfang an um populär konzipierte und populär organisierte Unternehmungen. Nicolas Poussin (1593–1665) und Hubert Robert

---

[214] Hubert Burda: Die Ruine in den Bildern Hubert Roberts München 1967. S. 13, 121 Nr. 2.

[215] Zucker: Ruins S. 121 Abb. 2. Burda: Ruine S. 22–24, 126 Abb. 11. Jean-Claude Lebensztejn: Une Vanité de Monsu Desiderio. In: L'Oeil 156. 1967. S. 2–9. Vgl. Félix Sluys: Didier Barra et François de Nome dits Monsu Desiderio. Paris 1961. besonders S. 37, 105, 110f.

[216] Vgl. Rom in alten Stichen. Ausgew. von Wolfgang Kelsch. Hannover 1976. Johann Heinrich Zedler: Großes vollständiges Universal-Lexicon 32. 1742. Sp. 1767 versteht unter Ruinen »alte eingefallene Gemäuer« (rudera). Vgl. zu Piranesi Rolf Engelsing: Französische Verlegerplakate im Zeitalter Ludwigs XIV. In: Archiv für Geschichte des Buchwesens 11. 1970. Sp. 853f.

[217] Robert Wood: The Ruins of Palmyra, otherwise Tedmor, in the Desert. London 1753. Vgl. Johann Heichrich Zedler: Großes vollständiges Universal-Lexicon 26. 1740. Sp. 403–406.

Abb. 42 G. B. Piranesi, Ruine der Villa I sette bassi bei Frascati, 1766

Abb. 43 (1733–1808) machten die Ruinendarstellung zu einer besonderen Gattung der Architektur- und Landschaftsmalerei[218] und diese ebenfalls im Rahmen der zeitgenössischen Voraussetzungen populär. Kurz vor der Französischen Revolution nannten Denis Diderot und Jean Le Rond d'Alembert 1778 die Ruinen in ihrer Enzyklopädie ausdrücklich »schön zu malen«. Sie verstanden unter einer Ruine ein durch die Folge der Zeit verwittertes, nicht aber durch unmittelbare Gewalteinwirkung frisch zerstörtes Bauwerk und würdigten sie hauptsächlich unter ästhetischen Gesichtspunkten. Sie waren trotz ihrer aufklärenden Absicht in ihrer Vorstellung vom Bauwerk und von seinem Verfall noch durchaus den Maßstäben der vorrevolutionären Feudalgesellschaft verpflichtet und schrieben wörtlich: »Von einer Ruine kann man nur bei einem Palais, bei einem aufwendigen Grabmal oder bei einem öffentlichen Denkmal sprechen. Wenn man von der Wohnung eines Bauern oder eines Bürgers spricht, kann man nicht gut von einer Ruine sprechen. Man sagt dann: ruinierte Bauten.«[219] Der Begriff des Öffentlichen und Schönen, den Diderot und d'Alembert hiermit bekundeten, wurde bald darauf in der Französischen Revolution fragwürdig. Es wurde oben erwähnt, daß der Maler Hubert Robert, der Abkömmling eines höfischen Dieners, also eines gemeinen Mannes, der im Haushalt eines Feudalherrn lebte, etwa gleichzeitig den Abriß bürgerlicher Häuserzeilen als Vorwurf für künstlerische Gestaltungen wählte. Das Bürgerhaus oder wenigstens eine Zeile von Bürgerhäusern wurde damit am Ende des 18. Jahrhunderts kunst- und ruinenfähig.

Wo die Wirklichkeit den Kontrast von klassizistischem Repräsentativbau und Ruine nicht darbot, schuf man ihn nun vielfach künstlich

---

[218] Hubert Burda: Die Ruine in den Bildern Hubert Roberts. München 1967. S. 28 chrarakterisiert die Ruine bei Lorrain als »Ortsbestimmung in Arkadien.«

[219] (Denis) Diderot, (Jean Le Rond) d'Alembert: Encyclopédie ou Dictionaire raisonné des Sciences. Nouv. éd. Genève 1778. T. 29. S. 556f. Dort heißt es: »Ruine ne se dit que des palais, des tombeaux somptueux ou des monumens publics. On ne diroit point ruine en parlant d'une maison particulière de paysans ou bourgeois; on diroit alors bâtimens ruinés.« Vgl. auch Constantin-François Volney (1758–1820): Les Ruines ou méditations sur les révolutions des empires, 1791. Paris 1836.

Abb. 43 H. Robert, Die Palastruine, um 1780

und absichtlich: In Deutschland wurden bei Schloß- und Schloßparkanlagen seit dem Ende des 18. Jahrhunderts in Schwetzingen, in Kassel, in Potsdam und in Glienicke Ruinen und Ausgrabungsfunde in das Gestaltungsprogramm einbezogen und teils im Ganzen, teils als Detail ausgeführt. Die Spannung von Leben und Tod, die in der künstlerischen Darstellung zu allen Zeiten einen Niederschlag gefunden hat, fand ihn so in der repräsentativen Architektur auf die Weise, daß die Ruine ein Einsprengsel in die Entfaltung von Macht und Glanz, aber kein Gegengewicht bildete. Fragt man, wann diese Methode endete, so kann man darauf nur historisch, nicht absolut antworten. Denn sie endete im bürgerlich-feudalen Zeitalter, das Ruinen und Ausgrabungsfunde aus der öffentlichen Baupraxis in das museale Archiv und in die touristische Ferne verbannte. Auch dem demokratischen Massenzeitalter ist die Ruine als Bestandteil der öffentlichen architektonischen Gestaltung ziemlich fremd. Ausnahmen bildeten nach Katastrophen die Denkmäler für die Opfer von Kriegs-, Lager- und Massenvernichtungen oder über die Katastrophe einer Stadt wie das Denkmal der schon erwähnten Kaiser-Wilhelm-Gedächtniskirche in Berlin (1961–63).

9. Vineta

Auch in der Literatur des 18. Jahrhunderts spielte die Ruine als Kulisse der menschlichen Stimmung eine wichtige Rolle. In England waren es nicht allein römische Ruinen, die dazu benutzt wurden, sondern auch mittelalterliche. Die Burgruine auf dem Berg, die Klosterruine am Fluß, die mit Efeu bewachsen war, und das verfallene Kloster tauchten in zahllosen Gedichten auf.[220]
In Deutschland entfaltete sich damals ebenfalls eine Ruinendichtung. Sie knüpfte etwa an die Zerstörung des Heidelberger Schlosses an, die der Maler Müller 1776 ausdrücklich beklagte.[221] Doch zeigt sich gerade in der Dichtung über das Heidelberger Schloß, daß eine politisch produktive Auffassung den Zeitgenossen ziemlich fernlag, am fernsten wohl dem populärsten der deutschen Lyriker, die das Thema am Ende des 18. Jahrhunderts behandelten, Friedrich Matthisson (1761–1831). Es ist bezeichnend, daß Matthisson in seiner 1786 verfaßten und 1787 veröffentlichten »Elegie in den Ruinen eines alten Bergschlosses geschrieben« das Heidelberger Schloß, das ihn zu der Elegie anregte und das mit den alten Ruinen auch gemeint war, nicht nannte, sondern es im Dunkeln ließ, welche Ruine gemeint war. Er legte seine Darstellung so allgemein an, damit sie sich beliebig beziehen ließ. Dieser Allgemeinheit und Beliebigkeit entsprach die Kontur- und Farblosigkeit der gleichmäßig unverbindlichen und mittelständlerisch unwidersprechlichen Moral, mit der Matthisson seine 96 Verse lange Ruinendichtung beendete:

Hoheit, Ehre, Macht und Ruhm sind eitel!
Eines Weltgebieters stolzen Scheitel

---

[220] Reinhard Haferkorn: Gotik und Ruine in der englischen Dichtung des 18. Jahrhunderts. Leipzig 1924. S. 199.

[221] Erich Schmidt: Über die Ruine als dichterisches Motiv. In: Deutsche Literaturzeitung 1912. Nr. 26. Sp. 635. Unbenutzt blieb Hans-Herbert Stoldt: Geschichte der Ruinenpoesie in der Romantik. Kiel, Masch. Diss. phil. 1925 Lotte Kander: Die deutsche Ruinenpoesie des 18. Jahrhunderts bis in die Anfänge des 19. Jahrhunderts. Heidelberg, Diss. phil. 1933. Zusammenfassung S. 78. Weitere Literatur verzeichnet Brockhaus Enzyklopädie. 17. Aufl. Bd. 16. 1973. S. 221.

Und ein zitternd Haupt an Pilgersstab
Deckt mit einer Dunkelheit das Grab![222]

Das verstand und das billigte in der Zeit des Sturms auf die alte Festung der Königsherrschaft in Paris und ihrer Schleifung der bürgerlich tugendsam gesinnte Leser, Edelmann wie Stadtbürger, im europäischen In- und Ausland, vor allem in Mittel- und in Osteuropa. Damit ergänzte die Romantik alte gegensätzlich verbundene Parallelen wie die von Christentum und Antike, Griechenland und Rom, musterhafter und mittelalterlicher Vorzeit um die neue von südlicher und nördlicher Vergangenheit und Methode. Sie entkräftete durch ihre moderne Konzeption die gewohnten als ungenügend und überholungsbedürftig, und sie schuf, dadurch, daß sie den südlichen Mustern nördliche entgegenstellte, Verdoppelungen, wo bisher erhellende Überwertung und verdunkelnde Unterwertung anerkannt und gebräuchlich war. So entdeckte sie ein weites Neuland des historischen Interesses.

Es war danach aber etwas literarisch Neues, daß man in Mitteleuropa im Jahrzehnt nach den napoleonischen Kriegen eine untergegangene Stadt zum Gegenstand der Beschäftigung machte, die nicht zum antiken Sagenkreis gehörte, sondern die im Norden Europas lag. Dies vollbrachte die Romantik. Ihr gelang es so, neue Schichten und Zonen historischer Vergangenheit aufzudecken und der bekannten antiken südlichen Überlieferung eine romantische nördliche an die Seite zu stellen. Das geschah literarisch durch die Aufdeckung und Erneuerung des Nibelungenliedes und der Edda, die dem griechischen und lateinischen Epos zur Seite gestellt wurden, und das geschah in der politischen Geographie in der Wiederentdeckung und Behandlung der versunkenen Stadt Vineta, die Troja und Venedig zur Seite gestellt wurde.

Die künstlerische Entdeckung Vinetas, eine unter vielen eigenartigen Leistungen des romantischen Geistes, fällt in die Zeit zwischen Lord

---

222 Friedrich Matthisson: Gedichte. Hrsg. von Gottfried Bölsing. Tübingen 1912. Bd. 1. Nr. 86. S. 114–117, besonders V. 93–96. Von ähnlichem Kaliber in Frankreich Alexandre Soumet (1788–1845): Incrédulité. Vgl. François-René de Chateaubriand: Génie du Christianisme et Défense du Génie du Christianisme, 1802. Partie 3. Livre 5. Chap. 3. Anmerkung 36.

Byrons Gedicht »Darkness«, in dem er in Diodati bei Genf nach seiner Rheinreise 1816 visionär den Untergang einer Stadt behandelte, und Edgar Allen Poes (1809–1849) Gedicht »The City in the Sea«. Darin schilderte Poe 1831 die Stadt des Todes im fernen Westen, einsam im fahlen Licht, rings von eisigem Meer umschlossen:

Das ist das Todes Residenz,
Diese seltsame Stadt im fernen Westen...
Kein Strahl aus dem himmlischen Gewölbe
Fällt auf das Dunkel dieser Stadt.[223]

Weder Byrons noch Poes Vision orientierten sich an der Geschichte der Stadt und an etwas Geschichtlichem. Sie waren seelische Wiederspiegelungen ohne faßbaren dinglich-historischen Hintergrund und Gehalt und spiegelten so tatsächlich ins Leere. Byron schrieb sein Gedicht auf der Fahrt in die Verbannung von England nach dem Süden vor seiner ersten Ankunft in Venedig. Edgar Allan Poe sah die europäische Stadt niemals mit eigenen Augen.

Vineta war gegenüber solchen visionären Totenstädten tatsächlich eine historische Stadt. Es stammte aus einer Zeit und einer Kultur, welche die spätere mittelalterliche Stadt nach ihrer Zerstörung vollkommen überdeckte. Zugedeckt wurde dadurch aber nicht so sehr eine nordische Vergangenheit wie eine heidnische, die die slavische, dem Christentum unterworfene Welt an der Nordseeküste einschloß. Vineta war eine »Wendenstadt« gewesen. Noch Carl Schuchhardt bezeichnete 1924 Vineta als eine große slavische Handelsstadt, »in der Nordländer und Russen, Sachsen und Slaven friedlich miteinander verkehrten«.[224] Der ursprüngliche Name lautete Jumne, Julin, Jumneta oder Jomsburg. Die Bezeichnung Vineta, die lautlich auf Venedig verwies, kam durch Verschreibung zustande. Vineta war im frühen Mittelalter einer der festen Plätze im Norden Europas. Als Gründer betrachtete man in der Zeit um 950 den dänischen König Harald Blauzahn. Vineta wurde nach Haithabu, das nahe dem späteren Schleswig an der Mündung der Schlei lag und die Mitte eines bedeutenden Handelswegs zwischen Nordwest- und Nordost-

---

[223] Edgar Allan Poe: The Complete Tales and Poems. New York 1938. S. 96–98.

[224] Carl Schuchhardt: Arkona, Rethra, Vineta. Ortsuntersuchungen und Ausgrabungen, 1924. 2. Aufl. Berlin 1926. S. 101.

europa bildete, in der Zeit zwischen 900 und 1200 im Verlauf der Umwälzungen in Mitteleuropa zerstört. Stettin löste Vineta ab. Neuerdings hat man Vineta mit Wollin identifiziert und unter Wollin wiederentdeckt und ausgegraben. Das geschah aber erst seit 1934. Ursprünglich war Vineta ein bloßer geschichtlich-sagenhafter Name, den man wirklich-unwirklich identifizierte. Vineta war der Sage nach von den Wellen verschlungen worden. Man identifizierte es mit Felsriffen in der Ostsee, die vor den Inseln Rügen oder Usedom sichtbar waren. Auf Rügen geschah das durch eine Identifizierung mit Arkona und das nur selten. Hauptsächlich suchte man Vineta vor Usedom, entweder beim Ruden oder nördlich von Peenemünde bei Koserow. Der Untergang der Stadt durch eine Sturmflut um 1100 nach Christi Geburt schien noch nach dem Ersten Weltkrieg eine gesicherte Tatsache zu sein. Die ursprünglichen Nachrichten über Vineta fanden sich bei den mittelalterlichen Historikern Adam von Bremen und Helmold von Bosau. Im 16. Jahrhundert schuf der Rostocker Nikolaus Marschalck aus Thüringen (Mareschalcus Thurius), der 1525 starb, zuerst eine Verbindung mit Venedig, indem er erklärte, Veneta (statt Vineta) sei von den Venetern bewohnt gewesen. Damit war die Fabel vom »nordischen Venedig« begründet, mit der sich spätere Historiker im ernsthaften Übereifer auseinandersetzten wie Don Quijote mit den Flügeln der Windmühle. Sie machten Vineta zu einer der größten und volkreichsten Städte Europas, größer als das mittelalterliche, mit Venedig wetteifernde Lübeck. Auf Karten wurde Vineta zwischen der Mitte des 16. Jahrhunderts und 1792 stets vor der Küste von Usedom entweder bei Koserow oder beim Ruden eingezeichnet.[225] Am Ende des 18. Jahrhunderts war man soweit, »Marmor und Alabaster« unter der Meeresoberfläche zu erspähen und einen Stadtplan zu rekonstruieren, auf dem Zitadelle, Zeughaus, Kaserne und Admiralitätskolleg ihren Platz hatten. Man stellte sich also Vineta nach dem Muster absolutistischer Residenz- und Hafenstädte an der Ostsee jetzt deutlicher als »den Stapelplatz der Herrlichkeit aller Zonen« in der Vergangenheit vor. Man glaubte am Anfang des 19. Jahrhunderts sogar, durch den Einsatz

---

[225] Ryszard Kiersnowski: Legenda Winety. Kraków 1950. S. 71ff. Schuchardt: Arkona S. 90.

einer Taucherglocke zu greifbaren Ergebnissen zu kommen.[226] Denn die Taucherglocke war zur Zeit der Seekriege und der Kontinentalsperre der letzte Schrei der Pläne- und Projektemacher, die damals der Wirklichkeit der Unterseeboote um ein Jahrhundert vorgriffen. Auch die Sage entwickelte sich zur Blüte. Sie behielt aber bodenständigen Charakter. Auf Usedom behaupteten danach die Fischer, die Vineter hätten einst ihren Kindern aus Wollust den Hintern mit Brot reingewischt. Diese übermütige Vergeudung der Nahrung diente als Erklärung für den Untergang der Stadt. Es wurde auch behauptet, Vineta steige am Ostermorgen als düster warnendes Schattenbild aus dem Wasser empor. Es hatte so zwar keine leibliche, doch eine schattenhafte österliche Auferstehung.[227]

Die Sage vom nordischen Venedig wurde im Vormärz durch die Regionalhistoriker zerstört, ohne daß ihr Kern beseitigt werden konnte. Die Geschichtsschreibung begnügte sich damit, die Verdinglichung Vinetas zu bestreiten oder sogar lächerlich zu machen, ohne die Existenz und Lage Vinetas anzutasten.

An die Stelle der zerstörten Geschichte trat nun die romantische Dichtung, die an die älteren Geschichtserzählungen von sagenhaftem Inhalt anknüpfte. Eine allgemeine Motivierung für diese Mode gab nach der Erfahrung der Revolution von 1789 bereits an der Wende vom 18. zum 19. Jahrhundert ein französischer romantischer Schriftsteller und Politiker, der gegen die politische Despotie großstädtischer Gleichmacherei ein Gegengewicht in einer religiös und historisch akzentuierten Naturgebundenheit des Menschen suchte. 1802 widmete der Emigrant François-René Chateaubriand (1768–1848) in seinem Buch über das Genie des Christentums der antiken und christlichen Archäologie eine ausführliche Darstellung. Er unterteilte darin die Ruinen in historische »Werke der Zeit« und in politische

---

226 F(riedrich) W(ilhelm) Barthold: Geschichte von Rügen und Pommern. Hamburg 1839. Th. 1. S. 301ff., 404f., 407, 417. Vgl. Johann Heinrich Zedler: Großes vollständiges Universal-Lexicon 57. 1748. Sp. 819–820.

227 Barthold: Geschichte Bd. 1. S. 419–421. Wilhelm Cornelius: Ostsee. Leipzig o.J. (Theodor Kobbe, Wilhelm Cornelius: Wanderungen an der Nord- und Ostsee. Abth. 2.) S. 78f. Hier wird erwähnt, Vineta sei »durch Uneinigkeit der Bürger« zugrundegegangen. Das ist die klassische und unspezifische Formel, die seit der Antike beliebig angewandt wurde.

»Werke des Menschen«, die eigentlich bloß Verwüstungen seien. Chateaubriand schrieb den historischen Ruinen eine geheime Anziehungskraft auf den Menschen zu. Das Gefühl, das der Mensch dafür hege, rühre von der Zerbrechlichkeit seiner eigenen Natur her. Zwischen den zertrümmerten Denkmälern und der raschen Kürze der menschlichen Existenz bestehe eine geheime Gleichmäßigkeit. Außerdem trösteten sich die Menschen über ihre Kleinheit dadurch, daß sie sich vor Augen führten, wie ganze Völker und einst berühmte Helden nicht über die paar Tage hinaus hätten leben dürfen, die auch ihnen in ihrer Bedeutungslosigkeit zuteil würden. So würfen die Ruinen mitten in die Naturszene eine große Moralität.[228]

Chateaubriand glaubte, in dieser Analogie, die gleichzeitig ein Spannungsverhältnis herstellte, die hauptsächliche Ursache für die romantische Vorliebe für Ruinen bezeichnet zu haben. Sein Gesichtspunkt erklärt vielleicht auch zum Teil das plötzliche Interesse, das Vineta seit den Napoleonischen Kriegen in deutschen Dichtungen fand. Neu war, daß dabei die Stadtruine Gegenstand der Behandlung wurde. So reich die Ruinenthematik früher schon entwickelt worden war, war es doch immer noch die Klosterruine am Fluß oder Burgruine auf der Höhe gewesen, die man mit Vorliebe bei Nacht und Mondschein literarisch behandelte. Jetzt erweiterte sich die Erörterung auf die Stadtruine. Das geschah dadurch, daß trotz aller Stadtzerstörungen der Vergangenheit seit der Revolution und seit Napoleon zum ersten Mal die prinzipielle Fragwürdigkeit der Stadt ein Thema wurde. Allerdings fast nur in der Literatur, kaum auch in der Kunst. So reich und oft norddeutsche Maler wie Caspar David Friedrich (1774–1840) und Karl Blechen (1798–1840)[229] die Ruinenthematik zu

---

[228] François-René de Chateaubriand: Génie du Christianisme et Défense du Génie du Christianisme, 1802. Partie 3. Livre 5. Chap. 3.

[229] Helmut Börsch-Supan, Karl Wilhelm Jähnig: Caspar David Friedrich. Gemälde, Druckgrafik und bildmäßige Zeichnungen. München 1973. besonders S. 229.
Gertrud Heider: Carl Blechen. Leipzig 1970. Eine verwandte Stimmung drückt literarisch aus Eduard Mörike: Besuch in Urach, 1827. Strophe 11. Vers 81ff. Vgl. literarisch auch Ludwig Rellstab: Das Kloster 2. Trümmer. In: Rellstab: Gedichte. Leipzig 1844. S. 160f.
Im vormärzlichen Deutschland waren Ruinenbilder so beliebt, daß ein sozialer Aufsteiger wie der Berliner Schuhmachersohn Carl Hasenpflug (1802–1858) als Maler

Anfang des 19. Jahrhunderts behandelten, so fehlt in ihren Werken doch ganz und gar das Thema der Zerstörung oder des Verfalls der Stadt. Während der große realistische Romandichter Balzac in der Weltstadt Paris 1832 bekundete, ein mysteriöses baufälliges Haus sei interessanter als eine Ruine, zeichneten oder malten die Norddeutschen Friedrich und Blechen durchweg alleinstehende Ruinen, mit Vorliebe Klosterruinen in einsamer Gegend, etwa im Wald.[230] Eine besondere Abart der Darstellung betraf Ruinen großen Ausmaßes, in denen oder neben denen sich ein bescheidener moderner Zweckbau, etwa ein Bauernhof, eine Försterei oder eine Mühle angesiedelt hatte. Auch die spätere Generation, etwa Karl Friedrich Lessing (1808–1880), der zur Düsseldorfer Schule Schadows gehörte, vernachlässigte das Thema Stadt in der Darstellung der Ruinen und beschränkte sich auf alleinstehende Gebäude und auf Historienbilder.[231]

Wie bereits früher bemerkt wurde, geht dies wohl darauf zurück, daß sich die bürgerliche Gesellschaft des 19. Jahrhunderts gegen die Vorstellung der Zerstörung der Stadt abschirmte. Sie beschränkte dies Thema auf die Vergangenheit und vereinzelte es in der Vergangenheit möglichst in einzelnen Zerstörungen. Hiervon machte die Vineta-Thematik eine Ausnahme, auch wenn sie weit in die Vergangenheit zurückführte. Das geschah aus Gründen, die in diesem Fall stärker waren als die sonst maßgebenden Gesichtspunkte.

Schöpfer des Themas Vineta in künstlerischer Form wurde in Deutschland der »Griechenmüller«, der Dichter Wilhelm Müller (1794–1827), der durch Schuberts Kompositionen noch heute allgemeiner bekannt ist. Er konzipierte die Dichtung vom »nordischen Venedig«, die die Historiker zwar nicht billigten, die aber »Schwache und Freunde der Romantik« mit ihrer stillschweigenden und nachsichtigen Billigung ansprach. Müller begann seine literarische Lauf-

---

davon praktisch lebte. Er spezialisierte sich auf eine Mode, deren Richtung seit Schinkel, Friedrich und Blechen künstlerisch feststand, und bestach durch effektbetonte Genauigkeit, die Naturnähe durch Betonung der Umrisse exakt vortäuschte.
Abb. 44 Hasenpflug malte erfundene Ruinen wie vorgefundene Denkmäler.

[230] Erich Schmidt: Über die Ruine als dichterisches Motiv. In: Deutsche Literaturzeitung 1912. Nr. 26. Sp. 635.

[231] Ausstellung der Werke Karl Friedrich Lessings. Berlin 1880 (ohne Abbildungen).

bahn mit einer »Blumenlese aus den Minnesingern«. Vielfach behandelte er danach die Themen Griechenland und Italien. Schließlich wandte er sich der Antike und dem Neugriechentum zu. Er schrieb über Griechenland, Italien und den Rhein und verband so klassische und romantische Themen. Zeitweise weilte er in Rom und am Rhein. Auf Rügen fand er einen dritten Anziehungspunkt. So hatte er etwa denselben Erfahrungskreis wie der romantische Maler Blechen. In dem Zyklus »Muscheln von der Insel Rügen« nahm Müller 1825 ein Gedicht auf Mönkgut, eine Halbinsel von Rügen, auf, das »Vineta« behandelte und das berühmt wurde. Es heißt darin:

Aus des Meeres tiefem tiefem Grunde
klingen Abendglocken dumpf und matt,
Uns zu geben wunderbare Kunde
Von der schönen alten Wunderstadt.

Müller schloß sein Gedicht mit der Strophe:

Eine schöne Welt ist da versunken,
Ihre Trümmer blieben unten stehn,
lassen sich als goldne Himmelsfunken
Oft im Spiegel meiner Träume sehn.[232]

Müller erfaßte damit deutlich den Charakter einer abgelösten Geschichte. Sie unterschied sich von der integrierten antiken Geschichte und von ihrer italienischen Fortsetzung, die sich in Rom und Venedig verdeutlichte. Das nordische Venedig Vineta war zwar nicht spurlos vergangen, aber doch nur unterweltlich, nächtlich, unter Wasser, als Todessymbol greifbar. Zwar wurde auch die Stadt Rom von ihrem eigenen Tod begleitet, zwar diente seit der Romantik auch Venedig als Todessymbol. Aber beide Städte waren niemals ausschließlich Todesstädte, weil sie der düsterten Fassung und Auffas-

---

[232] Die Datierung beim Sohn Max Müller: Ueber Sprache und Dichtkunst Schleswig-Holsteins. In: Müller: Essays. Leipzig 1872. Bd. 3. S. 116f. Auf Müller antwortete der Stralsunder Lokaldichter Friedrich Furchau (1787–1868) in »Arkona. Heldengedicht in zwanzig Gesängen« (1828) persiflierend. Im 4. Gesang Vers 74 wird das Thema Vineta als »ein lockend irrer Traum« einem Zauberer zugeschrieben, wahrscheinlich aus Lokalrivalität. Einige Verse aus Furchaus Dichtung bei Wilhelm Cornelius: Ostsee. Leipzig o.J. (Theodor Kobbe, Wilhelm Cornelius: Wanderungen an der Nord- und Ostsee. Abth. 2.) S. 80. Vgl. Allgemeine Deutsche Biographie 8. 1878. S. 206.

sung ihre leibliche Existenz und Kontinuität, Trümmer der Pracht und Beweise der Pracht entgegensetzten.
Von dieser Tradition trotz Untergang unterschied sich der Untergang ohne Tradition. Denn während Rom und Venedig eine Fortsetzung im Leben hatten und Lebensgüter waren, und während vergangene Städte wie Babylon, Sodom und Gomorrha, Karthago und auch Jerusalem im Allgemeinen nur Glaubensgüter waren, war eine besiegte und zerstörte Stadt wie Vineta vollends ein Traumgut – Nachbild einer überlagerten, restlos besiegten Geschichte. Sie war der Sage nach zwar unvernichtet, aber doch nicht mehr recht einer Gestalt und einer Erneuerung unfähig. Die Sage, daß eine solche Stadt unversehrt unter der Oberfläche liege, mag sich am leichtesten oder sogar notwendig auf eine Seestadt beziehen. Seestädte lassen daher am ehesten die Metamorphose in Traumstädte zu. Das Wasser bringt im Traum dem Todesmotiv nahe. Diese Städte nehmen so durchaus Traumcharakter an. Nur was tot ist und im Traum wiederkommt, kann sich unversehrt darstellen. Was fortbesteht und sich fortsetzt, kann es nur durch Versehrung und Veränderung. Darum legen Versehrung und Veränderung die geschichtliche Existenz dar, die unversehrte und unveränderte versunkene Stadt aber bezeugt einen endgültigen Tod.
Etwa zwischen 1835 und 1840 behandelte der Königsberger Max Rosenheyn, ein Sohn des Buchhändlers und Gymnasialdirektors Johann Stephan Rosenheyn (1778–1844) in Memel und Lyck, nach Müller erneut Vineta dichterisch. In seinem Gedicht »Vineta« schilderte Rosenheyn die Stadt als die reichste, die einstmals am Baltenstrand existierte.[233] Sie war aber »zu vermessen«. Die Vorstellung vom Sturz durch Überhebung ist seit der Antike ein seelisches und dichterisches Urmotiv. Rosenheyn erwähnte, daß die Trümmer

[233] Max Rosenheyn: Gedichte. Königsberg o.J. S. 75. Über den Vater vgl. Wilhelm Kosch: Deutsches Literatur-Lexikon. 2. Aufl. 3. 1956. S. 2310. Danach behandelten das Thema Vineta Joseph Seiler (1823–1877), ein westfälischer Heimatdichter, in seinen »Litaniae Lauretaniae« (1856), Elisabeth Buerstenbinder in Roman (1877) und Drama (1880) und andere. Vgl. Max Schneider: Deutsches Titelbuch. Ein Hilfsmittel zum Nachweis von Verfassern deutscher Literaturwerke. 2. Aufl. Berlin 1927. S. 660.

Abb. 44 C. Hasenpflug, Kirchenruine im Wintermorgen, 1839. Privatbesitz

Vinetas bei hellem Mondschein sichtbar seien. Die Vorstellungsreihe Nacht, Wasser, fahles Licht, Ruine war wiederum mächtig.
Auch in Irland behandelte man das Thema der Stadt im Meere. Die Zeitschrift »The Dublin and London Magazine« brachte 1825 ein Märchen aus der Grafschaft Wexford am St. Georgs Kanal, in dem in

der Zeit um 1780 die Sage von der Stadt im Meer vorkam.[234] Ein alter Fischer erzählte davon: »Oft und oft, wenn ich darüber hinsegelte, hab' ich die Schornsteine und die Zinnen des Schlosses tief unter dem Wasser gesehen. Sie glauben, es sei durch ein Erdbeben dahin gekommen, ich aber glaube, es war Zauberei. So klar lag alles da, wie ich über den Rand des Bootes gelehnt hinuntersah. Es war, als sähe ich von einem Berge in eine Stadt hinunter, aus welcher der Morgennebel aufdampft.« Nur einer, ein Großmaul und einer der wenigen Protestanten in der Gegend, widersprach dieser Erzählung. Nach einiger Zeit geriet er aber auf einem Ritt ins Meer und ritt nach einer halben Stunde in »eine altertümliche Stadt« ein, wie er sie nie zuvor gesehen hatte. Man empfing und bewirtete ihn, und er betrank sich. Als er wieder erwachte, lag er auf einem nackten Felsen. Der Schaum des Meeres spritzte über ihn dahin. Verwandelt kehrte er in sein Dorf zurück, nachdem er »zwanzig Jahre lang als Gefangener in der Stadt im Meere gelebt« hatte. Inzwischen war dem Märchen nach ein politischer Umsturz, die Revolution von 1798 in Irland erfolgt, und das Großmaul gehörte als Royalist nun auf die Seite der Geschlagenen. Das war allerdings nur ein Wunschtraum. Denn in Wahrheit hofften die aufständischen republikanischen Iren 1798 vergeblich auf die Hilfe der Franzosen gegen die Royalisten, um zu siegen. Die englische Regierung unterdrückte ihren Aufstand mit großer Grausamkeit. Drei Jahre später wurde 1801 das Vereinigte Königreich von Großbritannien und Irland gegründet. Durch das Märchen wurden diese Bezüge umgedreht und so wahrhaft deutlich. Die Erfindung oder Lüge bewies den bitteren Ernst der Wahrheit. Die Stadt im Meer symbolisierte tatsächlich eine Vergangenheit, die wieder ans Leben und an die Oberfläche wollte. Das gelang zwar nicht, es wurde aber versucht durch den märchenhaften angeblichen Sieg der einheimischen Katholiken über die englischen Protestanten, der Freiheitspartei über die königliche Herrschaft. Das Märchen stellte dar, was nicht eintrat, aber hätte eintreten sollen.

In den Sagen von Vineta verbirgt sich ein ähnlicher Kern. Sie waren

---

[234] The Dublin and London Magazine for 1825. S. 133 blieb unzugänglich. Danach: Julius Rodenberg: Die Stadt im Meere. In: Rodenberg: Die Harfe von Erin. Märchen und Dichtung in Irland. 2. Ausg. Leipzig 1864. S. 81–90.

der Protest einer unterdrückten Herrschaft älterer Zeit gegen die späteren Herrscher und eines ehemaligen Herrschaftsraums gegen einen modernen. Es handelte sich um den Protest der slavisch-germanischen nördlichen Urkultur, die bis ins Hochmittelalter reichte, gegen die christlich-lateinische südliche Kultur und gegen ihre Fortgestaltung und Ausbreitung seit dem Hochmittelalter.

Was der Osten vormachte, machte der Westen ein Menschenalter später nach. Nach dem Muster der Vineta-Dichtung schrieb der fruchtbare rheinische Dichter Wolfgang Müller von Königswinter (1816–1873) im Jahr 1851 in seinem rheinischen Sagenbuch »Lorelei« ein Gedicht über die »versunkene Stadt« Stavoren.[235] Es wurde ziemlich bekannt; allein bis 1873 wurde Müllers »Lorelei« viermal aufgelegt. Die besungene Stadt Stavoren war in Wahrheit keine versunkene, sondern eine versandete Stadt. Sie lag, fast ein zweites Brügge, in der niederländischen Provinz Friesland an der Zuidersee und hatte noch zu Müllers Lebzeiten 600 bis 700 Einwohner. Stavoren galt als die älteste Stadt Frieslands. Es war Residenz der friesischen Könige gewesen, bevor die Versandung seines Hafens es vom Handelsverkehr trennte und bedeutungslos machte.[236] Müller verwandelte nun Stavoren nach dem Muster Vinetas in eine versunkene Stadt. Er führte ihren Untergang darauf zurück, daß ein ortsansässiges schönes Mädchen ein Schiff ausgesandt hatte, um »der Erde reichstes Kleinod« heimzubringen. Die Fischer gehorchten und brachten statt, wie erwartet, Gold Korn. Das Mädchen war enttäuscht und ließ das Korn ins Meer schütten, ohne der Armen zu gedenken. Zum Überfluß unternahm es noch eine zweite Herausforderung an das Schicksal, das nun reagierte:

»Der Morgen hat alle Sünden gerächt:
Hoch über der Stadt da brauste die See.«

Statt des frevlerischen Mädchens trat am Ende des Gedichts eine Greisin, in die es verwandelt war, am Strand auf einen Jüngling zu. Sie bedeutete ihm, wann er, ein Sonntagskind, die versunkene Stadt im Meer sehen könne. Während die Männer zur Kirche gingen, fuhr der Jüngling aufs Meer:

---

235 Wolfgang Müller: Lorelei. Rheinisches Sagenbuch. 4. Aufl. Leipzig 1873. S. 287–289.

236 Meyer's Konversations-Lexicon. 3. Aufl. Bd. 14. 1878. S. 897.

»Er sah, ein unseliges Sonntagskind,
Im Grunde des Meers die versunkene Stadt.«

Davon wurde er still und lebte nicht mehr lange.

In Müllers Gedicht scheinen verschiedene literarische Überlieferungen eingegangen zu sein und sich überlagert zu haben. Der Kern der Geschichte, davon unberührt, betraf einen weltgeschichtlichen Umschwung in der »Oberwelt«, die Verdrängung einer Religion durch eine andere und die Motivierung des Untergangs aus Verachtung des Notwendigen zugunsten des Luxus. Dazu kontrastierte »unterweltlich«, daß die verworfene Vergangenheit in Gestalt der Greisin ein Sonntagskind der Gegenwart berücken und verderben konnte.

Die Vineta-Sage spukte währenddessen weiter durch die Dichtung. Im Jahr 1895 fand in Leipzig die Uraufführung des musikalisch-dramatischen Märchens »Vineta, die versunkene Stadt« von Artur Eduard Könnemann (geb. 1861) statt. Es war wahrscheinlich bereits die vierte in einer Reihe von Opern, die seit 1851 in Deutschland geschaffen wurden.[237] 1903 führte man in Wien einen Einakterzyklus der Ungarin Marie Eugenie Delle Grazie (geb. 1864) auf, zu dem der Einakter »Vineta« gehörte. Danach schrieb der Dichter Oskar Loerke (1884–1941) als Erstling die Erzählung »Vineta«, die ein Frauenschicksal nach dem Muster des Stadtschicksals behandelte.[238] Der S. Fischer Verlag veröffentlichte sie 1907. In einer Besprechung in der »Neuen Rundschau« nannte Jakob Schaffner das Buch 1908 die Geschichte einer Seele. »Und alles Werden und Geschehen spielt sich ab unter dem klaren und kühlen Spiegel eines kaum bewegten Wassers, in den dämmerigen Gassenzügen einer versunkenen Stadt, in denen sich seltsam zeitlose und bekannte Menschen und Seelen ohne Hast umtun.« Für Schaffner war Vineta eine Erscheinung im Mondschein, die im Wasser versank. »Das macht auch den Charakter einer versunkenen Stadt aus, daß sie versinkt«, schrieb er. Damit distanzierte er sich, wohl ohne es zu merken, von der geschichtlichen Bedeutung der Sage.[239] Denn das geschichtlich Bedeutsame

---

237 Brockhaus' Konversationslexikon. 14. Aufl. 16. 1895. S. 347. Vgl. Theodor Fontane: Fünf Schlösser, 1889. Dreilinden. Kap. 5.

238 Wolf Peter Schnetz: Oskar Loerke. Leben und Werk. München 1967. S. 44. Erica Lozza: Die Prosaepik Oskar Loerkes. Freiburg, Diss. phil. 1972. S. 42–52.

239 Die Neue Rundschau 1908. Bd. 19. T. 2. S. 621–623.

der Vorstellung von der versunkenen Stadt war ihr Wiederauftauchen gewesen.

Wir blicken noch einmal auf den zeitlichen Gang der Sage zurück. Der historische Hintergrund des Interesses an der Vineta-Sage wies der Kraft der Legende eine bestimmte Epoche an, auf die sich ihre Wirkung in der Hauptsache begrenzte. Der Aufstieg der niederländischen und englischen Seemacht im überseeischen Verkehr setzte der Ostseeschiffahrt schon in der frühen Neuzeit zu. Damals ging die Blütezeit der Hanse zuende. Die Sage von Vineta entstand, als London im 16. Jahrhundert die Ostseestädte überflügelte. Die Hansestädte an der Ostsee blieben jedoch blühende Seestädte und die Ostsee die Hochstraße der nordeuropäischen Handelsschiffahrt. Die Unabhängigkeit der Vereinigten Staaten von England, die die überseeische Schiffahrt 1783 den Schiffen aller Nationen nach Nordamerika eröffnete, führte die zweite Beeinträchtigung herbei. Nun begann die Schiffahrt zwischen den deutschen Häfen und Übersee. In diesem Verkehr hatten die Nordseehäfen den Vorteil. Zur gleichen Zeit als dies deutlich wurde, wurde die Vineta-Überlieferung geschichtlich fragwürdig. Die Sage trat an die Stelle der Geschichtsschreibung. Durch Napoleons Politik, der 1806 vom Kontinent aus mit der Kontinentalsperre auf die Navigationsakte Englands von 1649 antwortete, wurde die Verlagerung des Verkehrs am Ende weniger aufgehalten als bestätigt. Die Unterbrechung des Verkehrs mit England war für die Ostseestädte lebensgefährlich. Am Ende der napoleonischen Zeit waren sie verarmt, ohne an der neuen Epoche des Verkehrs Anschluß zu finden wie die Nordseehäfen.[240] Der Reichtum und Glanz der Ostseestädte wurde so endgültig gebrochen und stellte sich nicht wieder her. Sie wurden allmählich Zulieferer und auf die Anschluß- und Nahverkehre der Kleinen Fahrt beschränkt. In Hamburg, in Bremen und in Berlin entstanden neue Mittelpunkte für Handel, Verkehr und Börsenwesen, die die Unternehmer, das Kapitel und die Initiative anzogen. Das Übergewicht des Seeverkehrs an der Nordsee über den an der Ostsee wurde zwischen 1830 und dem

---

240 Rolf Engelsing: Die Häfen an der Südküste der Ostsee und der Ostwestverkehr in der ersten Hälfte des 19. Jahrhunderts. In: Vierteljahrschrift für Sozial- und Wirtschaftsgeschichte 58. 1971. S. 26f.

Krimkrieg, also in der Zeit nach der Dichtung des »Griechenmüller« und der Nachahmung durch Müller aus Königswinter, entschieden. In der Mitte des 19. Jahrhunderts war jedermann klar, daß die Zukunft der Konzentration von Unternehmung und Kapital im Seehandel bei den Nordseehäfen lag, die den überseeischen Verkehr praktisch monopolisierten. Die Dichtung über Vineta spiegelte diese historische Niederlage der Ostseestädte und, in zweiter Linie, der Hafenstädte am Rhein wider. Die Sage hatte ihren Sinn in der Epoche des Niedergangs. Sie verlor ihn wenige Jahre vor der Wende von 1830 an die Dichtung, als der Niedergang besiegelt wurde. Nun verkleinerte sich Vineta aus märchenhafter Größe zur Kindergeschichte der Vergangenheit. Zur Zeit des Krimkrieges von 1853 bis 1856 konnte sich niemand, der die Welthäfen der Gegenwart kennenlernte, nach Vineta zurücksehnen.

Der Realismus nahm nun der Romantik, eine männliche einer kindlichen Betrachtungsweise das Wirkungsfeld. So war es auch konsequent, daß sich in der Mitte des 19. Jahrhunderts das Interesse verlagerte. Die Gefühle, die dem sagenhaften Vineta gegolten hatten, wandten sich jetzt den historischen Städten im deutsch-slawischen Raum zu, die wirklich vorhanden waren und in der Gegenwart hinter den modernen Städten zurücktraten. Ein Jahrhundert später wurde im Zweiten Weltkrieg der mutmaßliche Platz des untergegangenen Vineta aber zum Versuchszentrum für die Entwicklung der deutschen Raketen V 1 und V 2 in Peenemünde, die London vernichten sollten. Ein merkwürdiger Zufall bestätigte damals noch einmal eine mittelalterliche Rivalität. Doch zurück zu den historischen Nachfolgern Vinetas.

Joseph von Eichendorff (1788–1857), der in Berlin als Ministerialbeamter tätig war, wählte 1842 die Ostseestadt Danzig zum Thema. Er dichtete über die Stadt, die ehemals bedeutender als Berlin war, als wäre sie ebenfalls ein Vineta.

> »Träumerisch der Mond drauf scheinet
> dem die Stadt gar wohl gefällt
> Als läg' zauberhaft versteinet
> Drunten eine Märchenwelt.«[241]

---

[241] Joseph von Eichendorff: In Danzig, 1842.

Friedrich Hebbel, der in Wien tätig war, beschäftigte sich mit Prag, das ehemals bedeutender als Wien war. Er schrieb 1854 darüber, wie auch über Vineta gefabelt werden konnte. Prag, meinte Hebbel, vereine »deutsche Grandiosität« mit »slavischer Bizarrerie«, und es trete dem Besucher »traumhaft-phantastisch« entgegen.[242]
In der Gegenwart hat ein neuer Umschwung und ein neuer Niedergang Vineta wieder aktualisiert. Der »Schatten eines neuen Vineta« ist in Berlin aufgetaucht. Ein Menschenalter nach dem Zweiten Weltkrieg, der mit der Eroberung Berlins und dem Verlust seiner Stellung als Hauptstadt des Deutschen Reiches endete, beschworen zwei Berliner, die Bürger der DDR sind, die Vergangenheit der Stadt Berlin, als wäre sie ein Abbild Vinetas. Günter Kunert schrieb 1976 in der Einleitung zu den Fotografien von Thomas Höpker in dem Band »Berliner Wände – Bilder aus einer versunkenen Stadt«, das alte Berlin liege wie ein neues Vineta auf dem Grunde der Vergangenheit. Es sei vom Vergessen überspült und werde nur manchmal unter besonders günstigen atmosphärischen Bedingungen wie durch einen Schleier sichtbar. Dabei bestehe keine Möglichkeit, es wieder ans Tageslicht zu bringen und es wie Pompeji auszugraben und wiederherzustellen: »Der Besuch im versunkenen Berlin ähnelt einem Besuch im Jenseits, wo bekanntlich die Eigenart herrscht, daß man dort weder recht lebendig noch recht tot ist. Und daß die einzige Existenzweise die der Schatten ist.«[243]
Vineta, das 1945 in Wollin von deutschem in polnischen Besitz übergegangen ist, ist so auf deutschem Boden zum zweiten Mal wirklich geworden.
Damit sind wir am Ende: von der Gegenwart an den Ursprung zurückversetzt oder, was dasselbe ist, zwischen beiden ausgesetzt und der Fragwürdigkeit dieser Sache überlassen.

---

242 Friedrich Hebbel an Gustav v. Putlitz, 31. August 1854.

243 Thomas Höpker, Günter Kunert: Berliner Wände – Bilder aus einer verschwundenen Stadt. München 1976. Zitiert nach Deutsches Allgemeines Sonntagsblatt Nr. 35, 29. August 1976. Ähnlich empfand sich der junge deutsche Komponist Siegfried Pfaffrath beim ersten Aufenthalt in Rom nach dem Zweiten Weltkrieg versunken in Vineta bei Wolfgang Koeppen: Der Tod in Rom, 1954.

10. Die Archäologie

Die Romantik bildete in einem vielfachen Sinn die Brücke vom Klassizismus zum Realismus. Der Klassizismus hatte in den Überresten der Vergangenheit ein Muster solcher Art gesucht, daß er es auch selbst in Form der Ruine hervorbringen konnte. Das geschah durch Jahrhunderte in wechselnden Formen. Hiervon löste sich die Romantik ab. Sie orientierte sich an der Wirklichkeit der Vergangenheit, wie sie in ihren verschiedenartigen musterhaften und wunderlichen, klassischen und gotischen Formen und Überbleibseln tatsächlich war, und sie empfand die Endgültigkeit ihres Vergangenseins. Damit hörte die Hervorbringung von Ruinen allmählich auf. An die Stelle der Suche nach den trümmerhaften Mustern und an die Stelle ihrer Wiederherstellung trat die Suche nach den tatsächlichen Spuren. Aus der Romantik entstand durch ihre Wendung zum Realismus die Archäologie. Im Norden heimisch suchte die Archäologie ihr Betätigungsfeld vorerst hauptsächlich im Süden. Sie blieb an die Antike und ihre Musterhaftigkeit gebunden. Das geschah um so mehr, weil die nordischen Sagen gleichzeitig verblaßten. Erst im zweiten Schritt wurde auch die nordische Welt in die Suche nach den Spuren einbezogen. So wurde das im 19. Jahrhundert verlorene Vineta schließlich wiederentdeckt, und so wurden die Ostseestädte Jumne (Wollin) und das 1051 aufgegebene Haithabu an der Schlei bei Schleswig im 20. Jahrhundert ausgegraben.[244]
Diese Archäologie suchte nicht mehr Muster, wie es noch der Realismus getan hatte. Sie suchte auch nicht mehr Werte im alten Sinn, nämlich Schätze, Kunstwerke, fertige Städte und Mauern, aus denen eine Welt der Vergangenheit zur Hälfte erhalten hervorleuchtete, sondern sie erforschte Überbleibsel, aus denen sich eine allgemeine soziale Vergangenheit rekonstruieren ließ. Die herrschaftlich-bürgerliche Tendenz der älteren Archäologie ging über in die bürgerlich-demokratische der jüngeren Archäologie.

---

[244] Herbert Jankuhn: Haithabu. Ein Handelsplatz der Wikingerzeit. 5. Aufl. Neumünster 1972.

Die ältere Archäologie verdient, hier noch näher erörtert zu werden. Bis weit in die Neuzeit hinein waren die antiken Städte, Rom ausgenommen, für die Europäer literarische Städte. Es gab die Beschreibungen von Babylon und vom Untergang Karthagos und Pompejis. Aber die Stätten selbst waren so gut wie in Vergessenheit geraten. Der literarischen Überlieferung folgte im Fall Babylons allerdings eine bildliche, die eine Vorstellung wie von den wirklichen Städten vermittelte. Der babylonische Turm wurde auf unzähligen Bildern und Buchillustrationen gezeigt. In ein modernes Sammelwerk, das keineswegs vollständig ist, sind aus Mittelalter und Neuzeit etwa 400 Abbildungen aufgenommen worden.[245]

Im 17. und 18. Jahrhundert setzten sich der thüringische Jesuit Athanasius Kircher (1602–1680)[246] und der Pariser Benediktiner Augustin Calmet (1672–1757)[247] die Aufgabe, den babylonischen Turm zu rekonstruieren. In Kirchers Monumentalwerk »Turris Babel sive Archontologia«, das 1679 in Amsterdam veröffentlicht wurde, bot der niederländische Maler Cornelis Gerritz Decker, der 1678 starb, bildliche Darstellungen des Turms von Babel und der Stadtanlage von Babylon.[248] Wie schon erwähnt, ähnelte der Turm der am Ende des 17. Jahrhunderts erbauten Frelsers Kerke in Kopenhagen einer Nachbildung des babylonischen Turms in verkleinertem Ausmaß. Dann stellte der Wiener Baumeister Bernhard Fischer von Erlach (1656–1723) den babylonischen Turm zu Anfang des 18. Jahrhunderts 1705–1721 als siebenstufigen Tempelturm inmitten einer Großstadt dar. Er knüpfte dabei an die vorhandenen Tempelbilder an.[249] Seitdem wurden Anstalten zur Rekonstruktion noch

---

245 Helmut Minkowski: Aus dem Nebel der Vergangenheit steigt der Turm zu Babel. Berlin 1960.

246 Allgemeine Deutsche Biographie 16. 1882. S. 1–4. Arno Borst: Der Turmbau von Babel. Stuttgart 1961. Bd. 3. H. 2. S. 1368–1371. Karl Brischar: P. Athanasius Kircher. Würzburg 1877. S. 90.

247 Borst: Turmbau Bd. 3. H. 2. S. 1427.

248 Athanasius Kircher: Turris Babel sive Archontologia. Amstelodami 1679. Kap. 4. S. 40, 52. Die Abbildungen wurden auch als Einzelblätter durch den Bilderhändler L. Cruyl verbreitet.

249 Helmut Minkowski: Aus dem Nebel der Vergangenheit steigt der Turm zu Babel. Berlin 1960. S. 83. Hans Sedlmayr: Johann Bernhard Fischer von Erlach. Wien,

häufiger unternommen. Andere Forscher und Nachbildner, unter ihnen der französische Jesuit und Bischof Pierre Daniel Huet (1630–1721) beschäftigten sich mit Untersuchungen über die Lage des Paradieses, die großes Interesse erregten.[250]

Etwa in der gleichen Zeit, in der die Untersuchungen und Rekonstruktionen in der christlichen Archäologie stattfanden, setzten die Bemühungen um eine Wiederentdeckung der Städte Pompeji und Herculaneum ein, die durch Lavaströme des Vesuv in der römischen Kaiserzeit verschüttet worden waren (79 nach Christi Geburt). Die
Abb. 45 Suche und Wiederauffindung der alten Stätten erfolgte gleichzeitig mit der Ablösung der bürgerlichen Stadt durch die planvolle und repräsentative Fürstenstadt und stand damit in einem Zusammenhang. Nach einem neuen schweren Ausbruch des Vesuv im Jahr 1631 wußte so gut wie niemand mehr etwas von der Lage Pompejis und Herculaneums. Über der Katastrophe der Gegenwart war das Interesse daran erloschen. Im Königreich Neapel unternahm dann der Kavallerieoberst Emanuel Moritz Prinz d'Elbœuf nach ersten Funden im Jahr 1689 eine Reihe von Grabungen, die zur Entdeckung von Herculaneum führten. Auf Befehl des Königs von Neapel betrieb man die Grabungen in Herculaneum und in Pompeji von 1738 und 1748 an mit Nachdruck. Sie wurden später öfter wieder vernachlässigt und unterbrochen, hatten aber seitdem im großen ganzen einen regelmäßigen Fortgang. Die Grabungen begleiteten ständig entsprechende Veröffentlichungen in Wort und Bild.[251] Die Veröffentlichungen weckten Phantasien und Vorstellungen, die sich in Deutschland anfangs mehr an Bildern nach der Art Babylons als an der süditalienischen Wirklichkeit orientierten. Der Reiseverkehr führte aber zur Anschauung selbst und korrigierte voreilige und übertriebene Vorstellungen. Goethe, der Abbildungen kannte, fand Pompeji klein und eng, als er es am 11. März 1787 besuchte, und

---

München 1956. S. 53f. Vgl. Lexikon der christlichen Ikonographie. Hrsg. von Engelbert Kirschbaum. Rom usw. 1968. Bd. 1. Sp. 235–238.

[250] Pierre Daniel Huet: Traitté de la situation du paradis terrestre. 7. Aufl. Amsterdam 1721.

[251] Egon Caesar Conte Corti: Untergang und Auferstehung von Pompeji und Herculaneum. München 1940. S. 130ff., 144, 151, 159. Sehr wortkarg Herbert Kühn: Geschichte der Vorgeschichtsforschung. Berlin, New York 1976. S. 33.

Abb. 45 Ansicht von Pompeji, um 1910.

wunderte sich darüber. Selbst die ausgegrabenen öffentlichen Gebäude waren für ihn »mehr Modell und Puppenschrank als Gebäude«. Goethe verglich Pompeji zur Zeit der Zerstörung mit einem »eingeschneiten Bergdorf«. Er drückte damit aus, daß das übertreibende Vorurteil die nachträgliche Erfahrung zusätzlich verkleinerte. Goethe sprach von einem wüsten Zustand Pompejis und fand es mumisiert. Es machte auf ihn einen wunderlichen, halb unangenehmen Eindruck, den er sich so rasch wie möglich wieder aus dem Gemüt wusch. Er fand aber, die Reste Pompejis deuteten »auf eine Kunst- und Bilderlust eines ganzen Volkes, von der jetzo der eifrigste Liebhaber weder Begriff noch Gefühl noch Bedürfnis hat«.[252] Er fand, es sei wenig Unheil in der Welt geschehen, das den Nachkommen so viel Freude gemacht habe wie in Pompeji: »Ich weiß nicht leicht etwas Interessanteres.«
Schiller schrieb 1796 das Gedicht »Pompeji und Herculanum« nach literarischen Mitteilungen, vor allem nach D. J. J. Volkmanns »Historisch-kritischen Nachrichten von Italien« aus den Jahren 1785–87. Sie ließen ihm die Stadt geräumiger erscheinen, als sie tatsächlich war.[253] Schiller ging von der wahrhaften Entdeckungsgeschichte Pompejis aus: Ein Bauer, der seinen Brunnen vertiefen wollte, war beim Ausschachten auf Reste eines Gebäudes gestoßen. Schiller ließ nun die antike Stadt zu vollem Leben wiederauferstehen:

Welches Wunder begiebt sich? Wir flehten um trinkbare Quellen,
Erde, dich an, und was sendet dein Schoß uns herauf?
Lebt es im Abgrund auch? Wohnt unter der Lava verborgen
Noch ein neues Geschlecht? Kehrt das entflohne zurück?
Griechen, Römer, ei kommt! ei seht, das alte Pompeji
Findet sich wieder, aufs Neu' bauet sich Hercules' Stadt.

Schiller vertiefte sich anschließend in Einzelheiten, die er aneinander reihte. Beschreibend stellte er Gruppen, die auf den Spruch zum

---

[252] Johann Wolfgang Goethe: Italienische Reise, 11. März 1787.

[253] Friedrich Schiller an Goethe, 8. August 1796, Johann Wolfgang Goethe an Schiller, 10. August 1796, Schiller an Goethe o.D. Abbildungen kannte Schiller vielleicht aus (Johann Heinrich Keerl, Anspach:) Ueber die Ruinen Herkulanums und Pompeji. Gotha 1791. (Non: Voyage pittoresque des Naples et Sicile, Auszug deutsch.)

Leben warteten. Für dieses Stichwort war nach Schillers Vorstellung in den ausgegrabenen Städten noch alles bereit und vorhanden:

»Nichts ist verloren, getreu hat es die Erde bewahrt.«

So konnte sich allerdings nur äußern, wer Pompeji niemals gesehen hatte und in seiner Begeisterung für das Altertum im Geist vollendete, was in der Wirklichkeit in Trümmern oder verborgen lag.[254] Welchen Eindruck nahmen die Touristen aus Pompeji mit? Zwei Beispiele ergänzen das von Goethe und Schiller Gesagte. Friedrich Leopold Graf Stolberg (1750–1819), ein Jugendfreund Goethes, der später in religiösen Bindungen lebte, lieferte von seinem Besuch im Frühjahr 1792 im ganzen eine nüchterne Beschreibung des Gesehenen.[255] Nur am Schluß ging er darüber hinaus. Er nahm in Pompeji die Schatten von siebzehn Jahrhunderten wahr, »Schatten, welche über den unentdeckten Wohnungen der Väter zu ihrer Zeit auch erschienen und schwanden«. Dazu zitierte er die Verse des Pindar:

Kinder, eines Tages, was ist Jemand? Was ist
Niemand? Ein Traum von Schatten sind die Menschen.

Eindringender berichtete der Weimarer Schriftsteller August von Kotzebue (1761–1819) über seinen Besuch der Stadt im Herbst 1804.[256] Er fand in Pompeji eine große reiche Stadt vor, die nach achtzehnhundert Jahren »jetzt so fremd dasteht unter den übrigen Städten, wie einer ihrer vormaligen Bewohner unter seinen heutigen Enkeln stehen würde.« Kotzebue hielt eine solche Stadt in der modernen Welt für einzig. Beim Betreten des Eingangstors ergriffen ihn Wehmut und Schauder, Tränenseligkeit und eine »traumähnliche

---

254 Brauchbar bleibt der hausbackene Kommentar von Heinrich Viehoff: Schiller's Gedichte. Stuttgart 1872. Bd. 3. Nr. 84. S. 121–129.

255 Friedrich Leopold Graf zu Stolberg: Reise in Deutschland, der Schweiz, Italien und Sicilien in den Jahren 1791–92. Hamburg 1822. S. 63 Brief 71, 18. März 1792. (Christian und Friedrich Leopold Stolberg: Gesammelte Werke. Bd. 8.) Über die Ausgrabungen berichteten zur gleichen Zeit auch Heinrich Swinburne, Johann Heinrich Bartels, Karl Philipp Moritz, Friedrich Johann Lorenz Meyer und zu Anfang des 19. Jahrhunderts J.J. Gerning und P.J. Rehfuss. Über Abbildungswerke vgl. Egon Caesar Conte Corti: Untergang und Auferstehung von Pompeji und Herculaneum. München 1940. S. 140, 233.

256 August von Kotzebue: Erinnerungen von einer Reise aus Liefland nach Rom und Neapel. Wien 1843. Th. 1. Kap. 34. S. 275f., 293. November 1804. (Kotzebue: Ausgewählte prosaische Schriften. Bd. 41.)

Beklommenheit«: »Es gibt Augenblicke im menschlichen Leben, die einzig da stehen und sich nicht an die Kette der übrigen Erinnerungen anreihen lassen.« Kotzebue fand bei der Besichtigung, es wäre besser gewesen, man hätte Pompeji genau so belassen, wie man es bei der Ausgrabung vorfand, und nichts fortgeschafft oder verändert. Das würde den Besucher tiefer ergriffen haben, als es im jetzigen Zustand der Fall sein konnte: »In einer von lebendigen Toten bewohnten Stadt hätte er zu wallen geglaubt, und aufgelöst in Schauer der Vergangenheit würde er Pompeji als die Grenzstadt der Unterwelt verlassen haben.«

Im 19. Jahrhundert wurde Pompeji in Deutschland gelegentlich als Vorbild gegenwärtiger Städte zitiert, aber ohne rechte Konsequenz. Wilhelm Heinrich Riehl nannte Augsburg einmal ein Pompeji der Renaissance[257], Hector Berlioz beschrieb Heinrich Heine 1843 das abgebrannte Hamburg als eine »gleich dem alten Pompeji verwüstete Stadt.« Nach dem Zweiten Weltkrieg verfiel der Schriftsteller Günther Weisenborn auf den Gedanken, das zertrümmerte Berlin, das er nach langen Haftjahren als »hügelige Wüstenlandschaft« wiedersah, ein Pompeji des Nordens zu nennen. Ihn ahmte Ottomar Domnick 1977 in bezug auf Stuttgart im Jahr 1945 nach. Der Vergleich wirkt in beiden Fällen nicht gerade gelungen, er hinkte aber auch bei Augsburg und Hamburg. Im Unterschied zu diesen Weltstädten war Pompeji eine einheitlich geformte vom Wohlleben geprägte Provinzstadt gewesen. Als Muster einer untergegangenen Stadt konnte es nur deshalb so bequem dienen, weil es auf einmal vollständig untergegangen war und weil es – auch seines vollständigen Untergangs halber – früher und konzentrierter ausgegraben wurde als beispielsweise Rom selbst, wo die untergegangene Stadt mit der lebendigen kaum trennbar verwachsen war und in ihr fortlebte. Als Weltstadt ging Rom aber über alles Vergleichbare, selbst über Paris, hinaus. Wie Rom als Vergleichsmaßstab das Verglichene überschritt, so unterschritt es Pompeji und sogar mehr; die spezifischen Bedingungen waren zu verschieden, um sich übertragen anwenden zu lassen; weder auf Augsburgs Blüte in der Renaissance noch auf die Zer-

---

[257] Ernst Beutler: Forschungen und Texte zur frühhumanistischen Komödie. Hamburg 1927. S. 53.

störung Hamburgs und Berlins im 19. und 20. Jahrhundert wollten sie passen. Wie Rom setzten diese Städte über die Zerstörung hinaus ihre schicksalhafte Existenz fort. Insoweit hat man für Augsburg und Berlin gelegentlich zu Recht den Vergleich mit Rom gesucht.[258] Pompeji unterschied sich von den großen literarischen Unheilsstädten des Altertums dadurch, daß die Sage seiner Zerstörung nie mächtig war und so die historische Wirklichkeit erdrückte, um sich an jede beliebige neue Wirklichkeit anzuschmiegen. Pompeji wurde zum Begriff durch seine Ausgrabung, und es wurde anhand seiner Ausgrabungen begriffen. Die literarische Berichterstattung der Antike war demgegenüber vergleichsweise ohne Bedeutung. Sie konnte ausgeschmückt werden, aber sich nicht mythenhaft darstellen und in sagen- und märchenhafte Gebilde verwandeln lassen. Edward Bulwer-Lyttons Roman »The Last Days of Pompeii« (1834) macht das deutlich. Daß die Stadt bis in die Gegenwart halb von Hügeln bedeckt und verschlungen blieb und daß das Ausgegrabene und Freigelegte nur zur Hälfte Museum geworden, zur andern aber Ruine geblieben ist und wie jede Ruine dem Andringen der Natur ausgesetzt bleibt, die sie überzieht und zuwuchert, hat sich dem allgemeinen Bewußtsein wenig eingeprägt. Sicher ist die Gabe, aus den Trümmern und Torsen in Darstellung und Phantasie das Vorgefundene zur vollständigen und beinahe lebendigen Stadt zu ergänzen, *Abb. 46* gut und heilsam. Aber es ist doch ein einseitiges Verfahren, daß die Besucher Pompejis durchweg zum Eingangstor hineingehen, die freigelegte Stadt durchwandern und wieder davongehen.[259] Wer sie stattdessen von außen umgeht, bemerkt, wie diese Trümmerstätte von Hügeln und Feldern umschlungen ist, die sie zur Hälfte noch

---

[258] Hector Berlioz: Mémoires, deutsch. Lebenserinnerungen. Hrsg. von Hans Scholz. München 1914. S. 325. Berlioz an Heinrich Heine, 1843; Günther Weisenborn: Der gespaltene Horizont. Niederschriften eines Außenseiters. München usw. 1964. S. 27, 37; Ottomar Domnick: Hauptweg und Nebenwege. Psychiatrie, Kunst, Film in meinem Leben. Hamburg 1977. S. 150. Die Vergleiche Augsburgs und Berlins mit Rom sind so häufig, daß sich Belege hier erübrigen; für Hamburg ist mir nur ein nichtssagendes Beispiel aus dem 18. Jahrhundert bekannt.

[259] Diese Einstellung bestimmt auch Oskar Loerke: Pompeji. Eine Gedicht-Reihe. Potsdam 1921.

unter der Erde festhalten, während das Ausgegrabene an seinen Rändern wieder unter der vordringenden Natur zu versinken droht, weil es unbewohnt und dem menschlichen Begriff der Gesellschaft nach leblos ist. Pompeji ist Ruine geblieben und als Museum nicht wieder Stadt geworden. So erhält es sich nicht durch sich selbst, sondern es wird durch künstliche Anstrengung erhalten und vor Verwitterung und Unkraut geschützt. Seinen wahren Charakter, halb aufgedeckte, halb verschüttete Stadt zu sein, und seine wahrhaft traumhafte Beschaffenheit, die dem Bewußtsein Teile in Trümmern gewährt, den Rest aber verborgen hält oder wieder verschlingt, enthält Pompeji dem Besucher leicht vor. Damit aber fehlt unserm Wissen von der Zerstörung der Stadt und vom Schicksal der zerstörten Stadt ein wichtiger Zug. Denn Pompeji zeigt in seinen Resten den Menschen zur Hälfte als städtischen Beherrscher der Natur bei Tage, zur Hälfte aber als nächtlichen Träumer, der der Herrschaft über sich selbst bar ist, ähnlich wie es Lot nach der Flucht aus Sodom und Gomorrha war.

In der Person Heinrich Schliemanns (1822–1890) verknüpften sich verschiedene hier skizzierte Motive und Erscheinungen. Schliemann war Mecklenburger und nach Heimat und kindlichem Eindruck der Welt um die Ostsee zugewandt. Sein Geburtsort Neu-Buckow lag zwischen Rostock und Wismar. Dann lebte er in Ankershagen bei Waren. Seine Lehrzeit verbrachte er in Fürstenberg bei Neustrelitz. Über die Zeit in Ankershagen, wohin Schliemann 1823 kam, berichtet er: »Die in meiner Natur begründete Neigung für alles Geheimnisvolle und Wunderbare wurde durch die Wunder, welche jener Ort enthielt, zu einer wahren Leidenschaft entflammt.« Schliemanns Vater, ein Prediger, erzählte ihm von Pompeji und Herculaneum und von Troja. In Ankershagen erhielt Schliemann zu Weihnachten 1829 eine Weltgeschichte für Kinder von Georg Ludwig Jerrer geschenkt, in der Troja abgebildet war. Über das Buch entspann sich zwischen Sohn und Vater eine Unterhaltung, in der der junge Schliemann mit der Autorität des Buches gegen die Autorität des Vaters auftrat, der Troja für vernichtet erklärte. Der Sohn: »Vater, du hast dich geirrt! Jerrer muß Troja gesehen haben, er hätte es ja sonst hier nicht abbilden können.« Der Vater: »Mein Sohn, das ist nur ein erfundenes Bild.« Der Sohn: »Vater, wenn solche

Abb. 46
»Ville Constructione«. Tonmodell von Anne und Patrick Poirier, 1971. Aachen, Neue Galerie

oben: Ostia antica, Teilansicht
unten: A.u.P. Poirier,Die Stadt (Detail), Ton

Mauern einmal dagewesen sind, so können sie nicht ganz vernichtet sein, sondern sind wohl unter dem Staub und Schutt von Jahrhunderten verborgen.« Am Schluß der Unterhaltung verabredeten Vater und Sohn, der Sohn solle Troja einst ausgraben.[260] Da der Sohn nicht lange danach vom Vater dauernd getrennt wurde, als er nach

---

[260] Heinrich Schliemann: Ilios. Stadt und Land der Trojaner. Leipzig 1881. S. 2, 4. Vgl. Ernst Meyer: Heinrich Schliemann, Kaufmann und Forscher. Göttingen usw. 1969. S. 15.

Neustrelitz übersiedelte, um die Schule zu besuchen, haftete dieses Ereignis um so tiefer in seinem Gedächtnis. Die Episode verdeutlicht einen Konflikt, in dem der Sohn sich vorerst als der Schwächere vorkommen mußte und auch tatsächlich vorkam. Desto fester hielt er an seiner Einstellung fest, die er anhand seines Weihnachtsgeschenkes eingenommen hatte. Er legte später als weltbekannter Archäologe Wert darauf, »daß die ganze Arbeit meines späteren Lebens durch die Eindrücke meiner frühesten Kindheit bestimmt worden, ja daß sie die nothwendige Folge derselben gewesen ist; wurden doch, sozusagen, Hacke und Schaufel für die Ausgrabung Trojas und der Königsgräber von Mykenae schon in dem kleinen deutschen Dorfe geschmiedet und geschärft, in dem ich acht Jahre meiner ersten Kindheit verbrachte.« Schliemann verließ der feste Glaube an das Vorhandensein Trojas zu keiner Zeit. Nach wechselvollen Schicksalen als Kaufmann und Reisender fand er als Sechsundvierzigjähriger im April 1868 Gelegenheit, den Traum seines Lebens zu verwirklichen und Troja zu besuchen.[261] Über seine damalige Ankunft vor Troja berichtete Schliemann: »Ich gestehe, daß ich meine Rührung kaum bewältigen konnte, als ich die ungeheure Ebene vor Troja vor mir sah, deren Bild mir schon in den Träumen meiner ersten Kindheit vorgeschwebt hatte.«[262]

Indem Schliemann davon ausging, daß die homerischen Gedichte in den Einzelheiten Tatsachen wiedergaben, verfolgte er die Fährte zu glücklichen Funden zurück und gelangte zu Grabungserfolgen, zu denen die ältere Forschung über Homer den Weg lange versperrt hatte. Sie hatte Homer dividiert, um ihn zu analysieren. Schliemann

---

[261] Schliemann: Ilios S. 6, 22. Vgl. zum Folgenden Herbert Kühn: Geschichte der Vorgeschichtsforschung. Berlin, NewYork 1976. S. 245ff. Vgl. auch William G. Niederland: Analytische Studie über das Leben und Werk Heinrich Schliemanns. In: Psychopathographien 1. Schriftsteller und Psychoanalyse. Hrsg. von Alexander Mitscherlich. Frankfurt am Main 1972. S. 90–127. Dort wird S. 92 der Vergleich von psychoanalytischer und archäologischer Ausgrabung auf Sigmund Freud (1907) zurückgeführt.

[262] Heinrich Schliemann: Ithaka, der Peloponnes und Troja. Archäologische Forschungen. Leipzig 1869. S. 126. Vgl. Allgemeine Deutsche Biographie 55. 1910. S. 175. Theodor Fontane: Fünf Schlösser, 1889. Dreilinden, Kap. 8, VIII. zitiert Prinz Friedrich Karl am 13. März 1883 in Palmyra mit einem entsprechenden Bekenntnis. Vgl. auch Kap. 5.

erfaßte ihn als Ganzes und nahm ihn für durchaus wahr, vielleicht weil diese kindliche Auffassung im Leben sein festester Anhaltspunkt war und es auch blieb. Der englische Orientalist Archibald Henry Sayce (1845–1933) sagte später mit Schliemanns Einverständnis über dessen Leistung, die aus dem Glauben an die Wahrheit des ganzen Homer hervorging, im Hinblick auf die wissenschaftliche Tradition, die diesen Glauben aufgelöst und überholt hatte: »Das Werk der Zerstörung geht nothwendigerweise dem Werke des Wiederaufbaues vorher.«[263] In diesem Fall aber war der »Wiederaufbau« gleichbedeutend mit der Ausgrabung, d. h. mit dem Durchbruch zu den Trümmern, auch wenn Schliemann 1881 von seinen Forschungen und Entdeckungen »auf der Baustelle von Troja« berichtete. Denn Schliemanns Weg ging zwar aus vom ganzen und wahren Homer, aber er gelangte von dort aus zu Fundstücken, Fragmenten, Schichten und alles in allem zu ungeahnten Materialien, Wirnissen, Lücken und Problemen.

Schliemanns Leidenschaft, Zerstörtes wiederzuentdecken und, soweit möglich, wiederherzustellen, läßt sich noch besser verstehen, wenn man sie vergleicht mit der scheinbar weit abliegenden Laufbahn eines Zeitgenossen, die der seinen verwandt ist, mit der des Komponisten Offenbach. Beide waren vierzehnjährig, als sie mittellos in die Fremde gingen, in der sie ihr Glück machten und in der sie berühmt wurden, nachdem sie daheim unter gewöhnlichen Umständen keine ansprechende Existenz gefunden und unter Mangel an gewöhnlichem Ansehen gelitten hatten. Alles was Schliemann beim Abschied mitnahm und worauf er sich in bitteren Anfängen allein berufen konnte, war Erinnerung. Es war Erinnerung an die Jugend in einer kinderreichen Familie, die eine Katastrophe auseinandergerissen hatte, Erinnerung an Kinderspiele um Schloß und Ruinen in Ankershagen nebst den einschlägigen archäologischen Sagen und Gerüchten, Erinnerung an die früh und jäh abgebrochene gelehrte Gymnasialbildung und Erinnerung an die Rezitation des Homer durch einen verkommenen Schulversager, die Schliemann in seiner Lehrzeit im Kramladen faszinierte. Nach Jahren der erfolgreichen Arbeit und Jagd nach dem Geld, die für Schliemann ein

[263] A(rchibald) H(enry) Sayce, Oxford in Schliemann: Ilios S. VIII.

Zwischenspiel wurden, mutet die archäologische Leidenschaft und Leistung des Rentners Schliemann an als Bestandteil, ja Hauptbestandteil einer überdimensionalen Rekonstruktion alles dessen, was er am Ende der Kindheit abbrach oder unterbrach, verlor oder zu verlieren schien. Atem- und grenzenlos suchte und fand Schliemann als kaufmännisch versierter Archäologe einen gigantischen Ersatz für das, was für ihn persönlich nicht mehr vollendbar, familiär nicht mehr wiedererlangbar war. Vom kurzen unmittelbaren Faden abgeschnitten spann er seinen öffentlichen immer weiter. In Schliemanns Karriere als Archäologe trat die Jagd nach bleibenden Erfolgen explosiv an die Stelle des versagten stillen heimatlichen Normalglücks, von dem er träumte und auf das er sich ständig berief, indem er seine Karriere darauf zurückführte. Sie fußte auf der traumhaften Vorstellung einer Vollständigkeit des Glücks, das durch den jähen Abbruch in einer Familienkatastrophe desto entschiedener Fragment war und desto entschiedener nach Fortsetzung und Entschädigung für die versagten Teile verlangte, weil es nicht normal geendet hatte, nicht gewöhnliche Lebenserfahrung war und so – statt Rastlosigkeit – Ergebung empfahl. Schliemann erlebte das Ende seiner Kindheit statt als übliches menschliches Geschick als persönlichen Zwischenfall und strebte später unablässig nach Wiederanknüpfung und Fortsetzung, zuerst ohne Erfolg direkt, dann mit fortwährendem Erfolg mittelbar in der Archäologie. In ihr konnte er vereinen und versöhnen, was er wider Hoffen nicht geworden war – ein Gelehrter wie der Vater, dessen Verfehlung den Sohn um die eigentlich erstrebte Laufbahn brachte – und was er ersatzweise geworden war –, ein Geschäftsmann, dessen Hauptstärke war, stets quick, auf dem Posten und organisationsbegabt zu sein. Wie für Offenbach wurde die Weltstadt Paris für Schliemann Stütz- und Ausgangspunkt einer Laufbahn, die für die Einbuße an Heimat und Muttersprache im internationalen Geist und Leben einen entsprechenden Ersatz im Großen bot. Übersetzte hier Offenbach die Atmosphäre des freigeistigen jüdischen Kantorhauses in Köln ins Weltläufige, so setzte Schliemann von hier aus karge weltgeschichtlich unverbundene und daher unergiebige Reminiszenzen und Gerüchte seiner im Winkel dahinlebenden nördlichen Heimat in die Großartigkeit und Verbindlichkeit allgemein anerkannter Bestrebungen im Bereich der internationalen klassischen Archäologie um. Er verwertete sie in der Serie seiner archäologischen Entdeckungen, während sein Gemüt sich beständig an die geheimen heimatlichen Ursprünge heftete und aus ihnen die erforderliche unablässige Energie herleitete. So steht Schliemanns Karriere als Archäologe wahrhaft anstelle einer Fortsetzung der Kindheit, die durchaus Einbildung und Utopie war und in ihrer Unwirklichkeit hauptsächlich deshalb undurchschaut blieb, weil diese Kindheit so offenkundig ein Fragment war – Fragment wie der Gegenstand, dessen Leidenschaft Schliemann bis zuletzt erfüllte. Als Archäologe erlebte er noch oder wieder Kindheit und diese stets von dort aus ein Stück weiter, wo sie mit der Familienkatastrophe, dem Verlassen der Schule und dem Aufbruch in die Fremde allzu jäh und unerledigt geendet hatte.

Wir stehen damit am Schluß dieser Darstellung.[264] Ein derartiger Rückblick ist nur möglich in der Form eines Überblicks. Die Möglichkeit zu diesem Überblick konnte nur die Stadt selbst geben. Über die Zerstörung der Stadt kann nur in der Stadt selbst und vom Interesse der Stadt aus berichtet werden. Auf dem Lande verschwinden zu leicht die Sichtweite zum Horizont, die dazu nötig ist, die Blickhöhe und das Interesse. In seinem Gedicht »Bauer« sagte der österreichische Lyriker Weinheber 1937 in dessen Namen:

> Stürzt Babylon verwirrt zuhauf,
> wir pflanzen Korn und Rebe drauf.[265]

---

[264] Über die Entstehung der mittelamerikanischen Archäologie, die hauptsächlich in die dreißiger Jahre des 19. Jahrhunderts fällt, genügt hier ein Hinweis auf die wichtigsten Schriften und Ruinen-Darstellungen, deren bedeutendste auf Johann Friedrich Maximilian von Waldeck (1766–1876?) zurückgehen und heute in der Bibliothèque Nationale in Paris verwahrt werden. (Jean) Frédéric (Maximilien) de Waldeck: Voyage pittoresque et archéologique dans la province d' Yucatan (Amérique Centrale) pendant les années 1834 et 1836. Paris 1838. besonders S. Vf.; John L(loyd) Stephens: Incidents of Travel in Central America, Chiapas ans Yucatan. London 1841. Vol. 1, 2., deutsch Leipzig 1854; Willey Gordon Randolph, Jeremy A. Sabloff: A History of American Archaeology. London 1974; Lost Tribes and Sunken Continents. Chicago 1962; Robert Wauchope: They Found the Buried Cities. Exploration and Excavation in the American Tropics. London 1965. besonders S. 71, 78, 82; Franfurter Allgemeine Zeitung Nr. 234, 8. Oktober 1977. Dort die künstlerisch lebendigsten Ruinenabbildungen aus Palenque.

[265] Josef Weinheber: O Mensch gib acht. Ein erbauliches Kalenderbuch für Stadt- und Landleut. München 1937. S. 33.

Tatsächlich würde Babylon mit seinem Untergang aus der ländlichen Gesellschaft beinahe verschwinden und von ihr beinahe vergessen werden. Es bliebe kein Bild davon zurück und mangels eines historischen Bildes der Anlaß, die Kraft und das Material der Vorstellung, um selbst ein Bild davon zu bilden und daran zu glauben. Die Geschichte der Zerstörung der Stadt führt also nicht über sie hinaus oder von ihr fort, sondern sie gehört zu ihr. Goethe bemerkte gelegentlich:

> Soll ich Dir die Gegend zeigen,
> Mußt Du erst das Dach besteigen.[266]

Das wollen wir abschließend so auslegen:
Die menschlichen Schöpfungen bleiben die Voraussetzung zur Übersicht über das und zur Einsicht in das, was sie überdauert.

---

[266] Johann Wolfgang Goethe: Westöstlicher Divan. Buch der Sprüche. Vor 26. Januar 1815.

Personenregister

Abbildungsnachweis

Bern, Bürger-Bibliothek: Abb. 1
Darmstadt, Hessisches Landesmuseum: Abb. 3
Frankfurt/M., Städelsches Kunstinstitut: Abb. 40
E. Kesting, Berlin: Abb. 35
Archiv und Photothek des Kunsthistorischen Instituts der Freien Universität Berlin: Abb. 2, 5, 7, 11–14, 16, 20, 23–25, 28, 29, 32–34, 39, 43, 45
Ullstein-Bilderdienst, Berlin: Abb. 22, 26, 27, 36 (Eschen), 41 (Herzog)
A. Zwick, Bad Füssing: Abb. 44

Aus:

F. Anzelewsky, Toggenburg Weltchronik, Aachen 1970: Abb. 8
F. Anzelewsky, Albrecht Dürer. Das malerische Werk, Berlin 1971: Abb. 9
W. Bernt, Die niederländ. Maler d. 17. Jh., München o. J., Bd. 3: Abb. 21
L. Brieger, L. Meidner, Leipzig 1919 (Junge Kunst, Bd. 4): Abb. 31
Deutsches Leben und Vergangenheit in Bildern, Hrsg. E. Diederichs, Jena 1908, Bd. 2: Abb. 15, 17, 18
W. Feaver, The Art of J. Martin, Oxford 1975: Abb. 30
W. Heldt, Zeichnungen, Berlin 1948: Abb. 37
G. Hirth, Kulturgeschichtl. Bilderbuch, München 1925, Bd. 2: Abb. 19
Hirth's Formenschatz, 1911, Nr. 139: Abb. 6
E. Hopf, Das zerstörte Lübeck, Hamburg 1973: Abb. 4
A. H. Mayor, G. B. Piranesi, New York 1952: Abb. 42
O. Steinert, Subjektive Photographie, Bonn 1952: Abb. 38
G. Winkelmann-Klein, Brueghel, Köln 1968: Abb. 10
»Spurensicherung. Archäologie und Erinnerung« (Ausstellung Lenbachhaus München 1974): Abb. 46

Gebr. Mann Verlag

Postfach 11 03 03
1000 Berlin 11

Weitere Titel der

Gebr. Mann studio-Reihe

Texte zu Theorie und Praxis der Kunstwissenschaften

Nikolaus Himmelmann
Utopische Vergangenheit
Archäologie und moderne Kultur
200 S. mit 43 Abb.
DM 22,– ISBN 3-7861-2243-1

Ernst Buschor
Vom Sinn der griechischen Standbilder
3. Auflage, mit einem Nachwort von Hans Walter
75 S. und 45 Taf.
DM 19,80 ISBN 3-7861-1076-X

Kunstschulreform 1900–1933
(Bauhaus Weimar, Dessau, Berlin; Kunstschule Debschitz, München; Frankfurter Kunstschule; Akademie für Kunst und Kunstgewerbe Breslau; Reimann-Schule Berlin)
Dargestellt vom Bauhaus-Archiv Berlin
296 S. mit 87 Abb.
DM 37,– ISBN 3-7861-1191-X

Friedrich Krauss
Paestum – Die griechischen Tempel
Erweiterter Nachdr. d. 2. Auflage 1943.
Mit einem Vorwort von G. Gruben und einem Beitrag von D. Mertens.
74 S. mit 7 Abb. und 53 Taf. mit 69 Abb.
DM 19,80 ISBN 3-7861-2242-3

Wolfgang Schöne
Über das Licht in der Malerei
4. Auflage, 312 S. mit 26 Abb. und 6 Farbtafeln
DM 35,– ISBN 3-7861-1158-8

Hans Kauffmann
Peter Paul Rubens
Bildgedanke und künstlerische Form.
Aufsätze und Reden
2. Auflage, 108 S. mit 28 Abb.
DM 24,– ISBN 3-7861-4108-8

Paul Wescher
Kunstraub unter Napoleon
2. Auflage,
184 S. und 62 Taf. mit 133 Abb.
DM 29,50 ISBN 3-7861-4106-1

Helmut Börsch-Supan
Marmorsaal und Blaues Zimmer
So wohnten Fürsten
(Innenräume preußischer Schlösser und Palais in Aquarellen des 19. Jahrhunderts)
176 S. mit 62 Abb. und 8 Farbtaf.
DM 28,– ISBN 3-7861-1074-3

Renate Weinreich
Leselust und Augenweide
Illustrierte Bücher des 18. Jahrhunderts in Frankreich und Deutschland
152 S. mit 82 Abb.
DM 21,– ISBN 3-7861-1216-9

Gebr. Mann studio-Reihe

Gebr. Mann Verlag

Postfach 11 03 03
1000 Berlin 11

Weitere Titel der

Gebr. Mann *studio*-Reihe

Texte zu Theorie und Praxis der Kunstwissenschaften

Günter Bandmann
Mittelalterliche Architektur als Bedeutungsträger
5. Aufl., 1978. 276 S. mit 36 Abb. und 16 Taf. mit 44 Abb.
DM 28,– ISBN 3-7861-1164-2

Heinz Raack
Das Reichstagsgebäude in Berlin
176 S. mit 61 Abb.
DM 19,80 ISBN 3-7861-1161-8

Otto Thomae
Die Propaganda-Maschinerie
Bildende Kunst und Öffentlichkeitsarbeit im Dritten Reich
579 S. mit 7 Abb.
DM 48,– ISBN 3-7861-1159-6

Heinrich Theissing
Dürers „Ritter, Tod und Teufel"
Sinnbild und Bildsinn
152 S. mit 36 Abb.
DM 25,– ISBN 3-7861-1136-7

In Vorbereitung:

Joseph Gantner
„Das Bild des Herzens"
Vollendung und Un-Vollendung in der Kunst
Reden und Aufsätze
216 S. mit 41 Abb.
ca. DM 27,– ISBN 3-7861-1195-2

Gebr. Mann *studio*-Reihe